Das Sozialversicherungssystem der Türkei

Rechtliche Grundlagen - Strukturen - Reformperspektiven

von

Basri Aşkın

Tectum Verlag
Marburg 2004

Aşkın, Basri:
Das Sozialversicherungssystem der Türkei.
Rechtliche Grundlagen - Strukturen - Reformperspektiven.
/ von Basri Aşkın
- Marburg : Tectum Verlag, 2004
ISBN 978-3-8288-8758-9

Tectum Verlag
Marburg 2004

Vorwort und Bemerkungen zur Schreibweise

Trotz des seit 1964 bestehenden deutsch-türkischen Sozialversicherungsab-kommens herrscht ein enormes Informations- und Wissensdefizit innerhalb der deutschen Fach-Öffentlichkeit hinsichtlich des Status quo im türkischen Sozial-versicherungssystem. Dies ist der Anlass für eine nähere thematische Auseinan-dersetzung mit diesem Teilbereich der türkischen Politik.

Inhaltlich stellt dieses Buch die Grundzüge des türkischen Sozialversicherungs-systems mit seinen Defiziten und Reformperspektiven dar. Das Buch wurde da-bei derart konzipiert, dass es sowohl dem Laien als auch dem wissenschaftlich orientierten Leser eine rasche und allgemeine Orientierung über wesentliche Aspekte des entsprechenden Themengebiets ermöglicht.

Bedanken möchte ich mich an dieser Stelle für die fachliche Unterstützung bei Herrn Dr. Müslüm Çiçek von der Inönü Universität in Malatya und ganz beson-ders für seine kritischen Anmerkungen sowie Verbesserungsvorschläge, bei Herrn Prof. Günter Borchert (Bergische Universität Wuppertal). Ein ganz be-sonderer Dank geht vor allem an meine Verlobte Sibel Doğan, die mir stets die zum Gelingen des Buches nötige Kraft und Freude vermittelte. Nicht zuletzt auch ein ganz herzlicher und liebevoller Dank an meine Eltern, die meinen Werdegang möglich gemacht haben.

Abweichend vom lateinischen Alphabet wurden in der vorliegenden Arbeit die folgenden, in der neutürkischen Orthographie verwendeten, Lautwerte berück-sichtigt:

c = dsch
ç = tsch
ğ = aspiriertes g
ı = stimmloses i
s = ß (stimmloses s)
ş = sch

Die Manuskriptarbeiten zur vorliegenden Arbeit wurden im Juli 2004 abge-schlossen.

Wuppertal, im Juli 2004
Basri Aşkın

Inhaltsverzeichnis

Tabellenverzeichnis

Abbildungsverzeichnis

Abkürzungsverzeichnis

AEP	:	Dringender Aktionsplan *(Acil Eylem Planı)*
Bağ-Kur	:	Pensionsversicherungsanstalt der Selbständigen, Freiberufler und Künstler *(Esnaf ve Sanatkarlar ve Diğer Bağımsız Çalışanlar Sosyal Sigortalar Kurumu)*
DIE	:	Staatliches Amt für Statistik *(Devlet Istatistik Enstitüsü)*
DPT	:	Staatliche Planungsbehörde *(Devlet Planlama Teşkilatı)*
EG	:	Europäische Gemeinschaft
EU	:	Europäische Union
ES	:	Pensionskasse für Beamte und Angestellte des öffentlichen Dienstes *(Emekli Sandığı)*
GKV	:	Gesetzliche Krankenversicherung
HazM	:	Türkisches Schatzamt *(Hazine Müsteşarlığı)*
m.E.	:	meines Erachtens
RG	:	Türkisches Amtsblatt *(Resmi Gazete)*
SSK	:	Sozialversicherungsanstalt *(Sosyal Sigortalar Kurumu)*
SVR	:	Sachverständigenrat zur Begutachtung der Gesamtwirtschaftlichen Entwicklung
T.C.	:	Republik Türkei *(Türkiye Cumhuriyeti)*
TL	:	Türkische Lira *(Türk Lirası)*
u.a.	:	unter anderem
z.B.	:	zum Beispiel

1 Problemstellung

*"Der europäische Integrationsprozess
eröffnet neue Perspektiven für
Europa und seine Bürger"*

Nahezu in allen europäischen Ländern findet eine rege Diskussion über die Zukunft der sozialen Sicherungssysteme statt.[1] Im Mittelpunkt der Auseinandersetzungen stehen dabei Themenstellungen, welche insbesondere die beitragsfinanzierten Sozialversicherungssysteme und deren Anpassung an veränderte soziale
und ökonomische Rahmenbedingungen zum Gegenstand haben. Neben den vielfach bekannten Herausforderungen, denen diese Systeme aufgrund von demographischen und konjunkturellen Entwicklungen gegenüberstehen, geraten im
Zuge der europäischen Integration und Liberalisierung verstärkt Fragestellungen
im Zusammenhang mit der „Versicherten-Mobilität" auf die sozialpolitische
Tagesordnung.[2] Die Zunahme grenzüberschreitender Aktivitäten und die sich
auch im sozialen Bereich abzeichnende Verflechtung und Beeinflussung von
bislang nationalstaatlich dominierten Lebensbereichen erfordert ein Umdenken
zugunsten staatenübergreifender Kategorien.[3] Als Konsequenz richtet sich der
Blick daher verstärkt auf die Situation und die Besonderheiten in den Sozialversicherungssystemen der europäischen Nachbarn und deren Lösungen mit den
daraus resultierenden Problemlagen. Für die nationalen Sozialleistungsträger
bedeutet dies in Zukunft eine stärkere Auseinandersetzung mit den vielfältigen
und komplizierten länderspezifischen Regelungen im Bereich der Sozialversicherung als bisher.

1.1 Einführung in die Thematik

Im Zuge der wirtschaftlichen Prosperität wurden in der Türkei seit den sechziger
Jahren Familien- und Nachbarschaftsstrukturen, die bis dahin als wesentlicher
Garant für soziale Sicherheit fungierten, in wachsendem Maße zugunsten der
Lebensformen moderner Industriegesellschaften aufgegeben.[4] Zum Schutz gegen die Risiken einer auf Erwerbsarbeit basierten Gesellschaftsform wurde der
Aufbau eines sozialen Sicherungsnetzes für die Erwerbstätigen und ihrer Angehörigen zur großen Herausforderung für die türkische Sozialpolitik.[5] Im Gegensatz zur über 100-jährigen Geschichte des deutschen Sozialversicherungssys-

---

[1]   Vgl. Simon (2001), S. 23, vgl. auch Acker (1996), S. 35.
[2]   Eine ausführliche Darstellung der Folgen des europäischen Einigungsprozesses auf die
nationalen sozialen Sicherungssysteme findet sich u.a. bei Rolfs (1998), S. 202ff.
[3]   Vgl. Acker (1996), S. 9.
[4]   Vgl. Steinbach (2002), S. 33.
[5]   Vgl. auch Ahi (2001), S. 226.

tems gehört das türkische Sozialversicherungssystem, mit seiner etwas mehr als 50-jährigen Geschichte, zu den Sozialversicherungssystemen in Europa jüngeren Ursprungs.[6] Mit einer Gesamtfläche von 779.452 km² ist die Türkei etwa dreimal so groß wie die Bundesrepublik Deutschland. Als NATO-Bündnispartner ist das Land für die westliche Welt von großer Bedeutung und zugleich mit großer politischer Beharrlichkeit darum bemüht, den Weg in ein modernes Europa zu beschreiten.[7]

Die besondere Relevanz für eine thematische Auseinandersetzung mit dem türkischen Sozialversicherungssystem besteht einerseits darin, dass die historisch weitreichenden Beziehungen zwischen Deutschland und der Türkei etwa auf politischem, wirtschaftlichem und kulturellem Gebiet mit Beginn der sechziger Jahre im Zusammenhang mit der „Gastarbeiterentsendung" um eine Zusammenarbeit im Bereich der sozialen Sicherung beider Länder bereichert wurde. Andererseits dürften Fragen hinsichtlich der konkreten leistungsrechtlichen Ausgestaltung des türkischen Sozialversicherungssystems interessante Anknüpfungspunkte für weitergehende Untersuchungen liefern. Rückblickend muss daran erinnert werden, dass die Türkei als das einzige islamisch geprägte Land, welches sein Sozialversicherungssystem nach westlichem Vorbild entwickelte, häufig mit dem Dilemma konfrontiert wurde, dass die „islamische Tradition" das im Aufbau befindliche soziale Sicherungssystem oft erheblich erschwerte, auf der anderen Seite hingegen in Form der Alltagsreligiosität der Bevölkerung (z.B. Verwandtenunterstützungspflicht) diese auch häufig ergänzte.[8] Damit liegen insgesamt gesehen Bedingungen vor, die den Blick auf die spezifische Ausgestaltung des Sozialversicherungssystems der Türkei für eine erste Bestandsaufnahme interessant erscheinen lassen.

1.2 Methodischer Aufbau und Zielsetzung der Arbeit

Die vorliegende Arbeit ist aus der Zielsetzung heraus entstanden, dem interessierten Leser, neben einer ausführlichen Beschreibung der Grundzüge des türkischen Sozialversicherungswesens, auch deren zentrale Unterschiede im Verhältnis zum hiesigen System zu erläutern. Dabei erschien eine inhaltliche Gliederung der Arbeit nach den einzelnen Zweigen der sozialen Sicherung – analog zur bundesdeutschen Sozialversicherung – aufgrund einer völlig anderen Systemarchitektur des türkischen Sozialversicherungssystems nicht zweckmäßig. Um diese Besonderheit entsprechend hervorzuheben, wurde eine trägerbezogene Darstellungsweise bevorzugt, weil die türkischen Sozialversicherungs-

---

[6] Vgl. auch Danışoğlu (2002), S. 220.

[7] Vgl. Hütteroth / Hohfeld (2002), [Covertext].

[8] Vgl. Schirrmacher (1983), S. 49.

träger ihren Mitgliedern die jeweiligen Sozialleistungen aus einer Hand gewähren. Diese Arbeit basiert überwiegend auf eigenen Übersetzungen der einschlägigen Rechtsquellen, Sekundärliteratur und Internetveröffentlichungen türkischsprachiger Autoren.

Charakteristisch für das türkische Sozialversicherungssystem ist dessen dreigliedrige Struktur, die im wesentlichen durch die Existenz dreier staatlicher Sozialversicherungsträger hervorgebracht wird. Um die Spezifik diese Systems zu erfassen, werden im **zweiten Kapitel** zunächst die allgemein-rechtlichen Rahmenbedingungen der sozialen Sicherung vor dem Hintergrund des Sozialstaatspostulats in der türkischen Verfassung skizziert und im Anschluss daran die maßgeblichen Sozialversicherungsgesetze vorgestellt. Beginnend mit der *Sozialversicherungsanstalt* (»SSK«) wird im weiteren die soziale Absicherung der abhängig Beschäftigten gegen die Risiken bei Krankheit, Mutterschaft, Invalidität, Alter, Arbeitsunfällen und Berufskrankheiten erläutert sowie auf die allgemeine Bedeutung dieser Institution im sozialen Sicherungssystem der Türkei eingegangen. Dieser Systematik folgend werden auch die beiden übrigen Träger: die *Pensionsversicherungsanstalt* für die selbständig Erwerbstätigen (»Bağ Kur«) sowie die *Pensionskasse* für Beamte und Angestellte des öffentlichen Dienstes (»Emekli Sandığı«) vorgestellt. Einen zentralen Höhepunkt dieses Kapitels stellen die Ausführungen über die ausserhalb der Türkei bislang noch kaum zur Kenntnis genommene Einführung der Arbeitslosenversicherung (seit Juni 2000), als neuer Zweig des türkischen Sozialversicherungssystems, dar.[9] Mit der Gründung der türkischen Arbeitsanstalt (»İşkur«) wurde die ehemalige Anstalt für Arbeit und Arbeitervermittlung (»İş ve işçi bulma kurumu«) aufgelöst. Nach einem kurzen historischen Rückblick auf diesen Wandlungsprozess erfolgt schließlich ein Einblick in die Leistungen der Arbeitslosenversicherung und ihrer Anspruchsvoraussetzungen.

Das **dritte Kapitel** konzentriert sich vorwiegend auf die Defizite und die geplanten Reformmaßnahmen der gegenwärtigen Regierung im Bereich der sozialen Sicherung. Anhand von Beispielen wird gezeigt, dass die Schwierigkeiten des türkischen Sozialversicherungssystems, anders als in vielen europäischen Ländern, nicht etwa demographischer Natur sind – das Land verfügt über die jüngste Bevölkerungsstruktur in Europa –, sondern bedingt sind durch massive politische Eingriffe in die Autonomie der Sozialversicherungsträger sowie durch die unzureichende finanzielle Stabilität.[10] Anschließend erfolgt eine kurze Darstellung einiger ausgewählter Reformvorhaben. Eines dieser Vorhaben betrifft die Integration der bestehenden Sozialversicherungsträger unter die Aufsicht der neu errichteten *Anstalt für soziale Sicherheit* (»Sosyal Güvenlik Kurumu«), zwecks Erzielung einer verbesserten Koordination und Gesamtplanung im beitragsfinanzierten Teilbereich der sozialen Sicherung. Ein weiteres stellt die Ein-

---

[9] Vgl. Hänlein (2001), S. 284.
[10] Vgl. KOM (2003), S. 100, vgl. auch Demirbilek / Sözer (1996), S. 166.

führung der allgemeinen Krankenversicherung zur flächendeckenden medizinischen Basisversorgung dar. Als bereits abgeschlossenes Reformprojekt soll die seit dem 27.10.2003 bestehende Möglichkeit zur freiwilligen privaten Altersvorsorge in der Türkei vorgestellt werden.

Kapitel vier gibt schließlich eine Zusammenfassung sowie einen Ausblick.

2 Zum Status quo des türkischen Sozialversicherungssystems

Im Gegensatz zur steuerfinanzierten Sozialhilfe umfasst die Sozialversicherung die Gesamtheit aller Einrichtungen, „deren Zweck es ist, die wirtschaftliche und soziale Existenz bestimmter Personen(-gruppen) gegen soziale Risiken wie Unfall, Krankheit, Invalidität, Alter, Arbeitslosigkeit und Tod des Ernährers zu sichern."[11] Eine Konsequenz ist der Zusammenschluss von vornehmlich Arbeitnehmern zu einer sozialen Gefahrengemeinschaft, in der die Erwerbstätigen für diejenigen sorgen, die aus von ihnen nicht zu vertretenden Gründen keine Erwerbsarbeit leisten können.[12] In der Türkei wird diese Aufgabe hauptsächlich durch die, im Folgenden näher darzustellenden, drei staatlichen Sozialversicherungsträger – namentlich die Sozialversicherungsanstalt, die Pensionsversicherungsanstalt sowie die Pensionskasse – wahrgenommen.

2.1 Das Sozialstaatspostulat und die gesetzlichen Grundlagen der Sozialversicherung

Explizit formuliert wurde der Sozialstaatsgedanke in der Türkei erstmals in Artikel 2 der Verfassung von 1961, wonach die Türkische Republik „ein auf den Menschenrechten und den in der Präambel zum Ausdruck kommenden Grundprinzipien beruhender demokratischer, laizistischer und sozialer Rechtsstaat" sei.[13] Dieser Artikel 2 fand in fast identischem Wortlaut auch Eingang in die gegenwärtige türkische Verfassung aus dem Jahre 1982.[14] Artikel 60 der türkischen Verfassung konkretisiert die allgemeine Berufung auf das Sozialstaatspostulat des Artikel 2, indem es dem Einzelnen das Recht auf soziale Sicherheit garantiert und den Staat zur Ergreifung und Errichtung der hierfür erforderlichen Maßnahmen und Institutionen zur Herstellung einer „gerechten" Sozialordnung verpflichtet. Darüber hinaus werden in der Verfassung weitere sozialrechtlich bedeutsame Grundsätze genannt, die den sozialstaatlichen Charakter des türkischen Staates unterstreichen sollen, wie z.B.:

---

[11]   Vgl. Lampert (1995), S. 262, vgl. auch Molitor (1987), S. 15.

[12]   Vgl. auch Baltes / Rogowski (1986), S. 232.

[13]   Ein ausführlicher Überblick über das türkische Verfassungsrecht findet sich u.a. bei Rumpf (1992). Für eine kritische Auseinandersetzung bezüglich des Sozialstaatspostulat in der türkischen Verfassung siehe Tanilli (1993), S. 149f.

[14]   Gesetz Nr. 2709 v. 07.11.1982, RG (Resmi Gazete = türkisches Amtsblatt) v. 09.11.1982, Nr. 17863.

⇒ Die Pflicht des Staat zur Beseitigung von politischen, ökonomischen und sozialen Hindernissen, die der Verwirklichung der Verfassungsprinzipien entgegenwirken (Art. 5).

⇒ Das Recht auf Leben in einer gesunden Umwelt (Art. 56).

⇒ Maßnahmen zum Schutze der Jugend vor Alkohol- und Drogenabhängigkeit sowie ähnlicher Suchtgefahren (Art. 58).

⇒ Die Hilfen für besonders schutzbedürftige Mitmenschen, wie z.b. Ältere oder auch Behinderte und Waisenkinder (Art. 61).

Für die in Deutschland lebenden knapp zwei Millionen türkischstämmigen Migranten ist hingegen Artikel 62 relevant, da hieraus die Pflicht des Staates, auch für die soziale Sicherheit seiner im Ausland lebenden Bürger zu sorgen, unmittelbar aus der Verfassung abgeleitet wird. Von primärem Interesse, und daher im weiteren ausführlich zu behandeln, sind im vorliegenden Themenzusammenhang jene Institutionen, die der Staat im Bereich des beitragsfinanzierten Sozialversicherungssystems als Antwort auf die verfassungsmäßige Forderung des Artikel 60 geschaffen hat (Abbildung 1):

Abb. 1: Die staatlichen Sozialversicherungsträger der Türkei

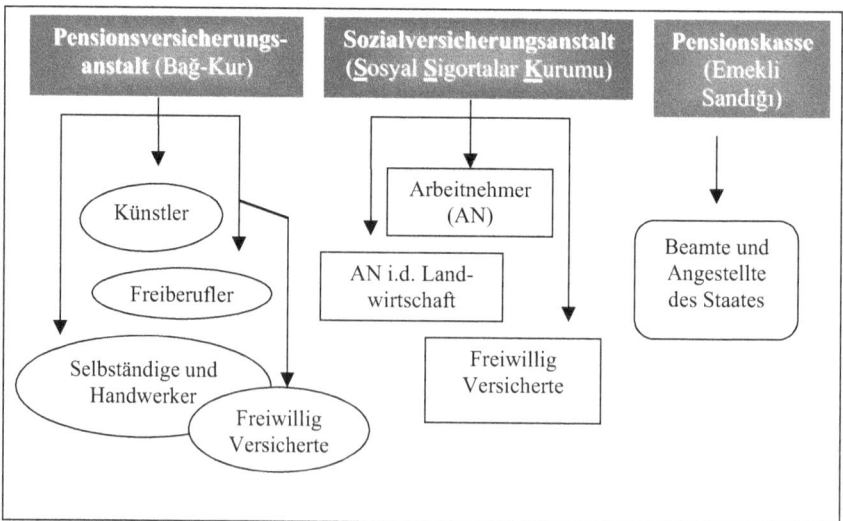

Quelle: Eigene Darstellung.

In Anlehnung an den Sprachgebrauch der Neuen Institutionenökonomie[15] („New Institutional Economics"), könnte man bei näherer Betrachtung dieser drei Institutionen von sog. sozialpolitischen Parafiski ausgehen.[16] Als Träger hoheitlicher Kompetenzen – wie der Zwangsmitgliedschaft und der Erhebung von Zwangsbeiträgen – gehören sozialpolitische Parafiski zu jenen Institutionen, die weder dem privaten noch dem öffentlichen Sektor eindeutig zugeordnet werden können.[17] „Entsprechend erfüllen die Träger der Sozialversicherung eigenverantwortlich öffentliche Aufgaben und sind in Form selbständiger Körperschaften des öffentlichen Rechts mit Selbstverwaltung organisiert."[18] Die für den Bereich des türkischen Sozialversicherungswesens maßgeblichen Gesetze sind u.a.:

- Das Sozialversicherungsgesetz Nr. 506 für Arbeitnehmer des privaten und öffentlichen Sektors aus dem Jahre 1964.[19]

- Das Gesetz betreffend die Sozialversicherung der in der Landwirtschaft abhängig Erwerbstätigen mit der Nummer 2925 aus dem Jahre 1983.[20]

- Das Sozialversicherungsgesetz Nr. 1479 für die in der gewerblichen Wirtschaft selbständig Erwerbstätigen aus dem Jahre 1971.[21]

- Das Gesetz betreffend die Sozialversicherung der in der Landwirtschaft selbständig Erwerbstätigen mit der Nummer 2926 aus dem Jahre 1983.[22]

- Das Pensionsversicherungsgesetz Nr. 5434 für Beamte und Angestellte des öffentlichen Dienstes aus dem Jahre 1949.[23]

Die weiteren Ausführungen beruhen im wesentlichen auf diesen gesetzlichen Grundlagen.

---

[15] Ein Einblick in die Grundannahmen dieser neueren Theorie innerhalb der Organisationsforschung findet sich u.a. bei Ebers / Gotsch (1999), S. 199ff.

[16] Vgl. Gelbhaar (1998), S. 573.

[17] Vgl. Gelbhaar (1998), S. 578.

[18] Simon (2001), S. 78.

[19] Gesetz Nr. 506 v. 17.07.1964, RG v. 29./30./31.07.1964 – 01.08.1964, Nr. 11766 – 11779.

[20] Gesetz Nr. 2925 v. 17.10.1983, RG v. 20.10.1983, Nr. 18197.

[21] Gesetz Nr. 1479 v. 02.09.1971, RG v. 14.09.1971, Nr. 13956.

[22] Gesetz Nr. 2926 v. 17.10.1983, RG v. 20.10.1983, Nr. 18197.

[23] Gesetz Nr. 5434 v. 08.06.1949, RG v. 17.06.1949, Nr. 7235.

2.2 Die Sozialversicherung der Arbeitnehmer durch die Sozialversiche-rungsanstalt (SSK)

Beginnend mit der Sozialversicherungsanstalt, die im weiteren kurz als »SSK«[24] bezeichnet wird, soll im Folgenden ein Einblick in die soziale Absicherung der Arbeitnehmer und deren Angehörigen vermittelt sowie auf die Bedeutung dieser Anstalt im sozialen Sicherungssystem der Türkei eingegangen werden.

2.2.1 Entstehung und Zielsetzung

Neben der Institutionalisierung westlicher Organisations- und Verwaltungs-strukturen, gehörte der Aufbau einer modernen sozialen Infrastruktur zu den vorrangigen Zielen der im Jahre 1923 gegründeten Republik Türkei.[25] Erste In-stitutionalisierungsmaßnahmen im Bereich der sozialen Sicherung wurden mit der Verabschiedung des ersten Arbeitsgesetzes[26] im Jahre 1936, welches die stu-fenweise Einführung eines obligatorischen Sozialversicherungssystems vorsah, eingeleitet.[27] Die praktische Umsetzung dieser rechtlichen Forderung konnte je-doch erst im Jahre 1946[28] mit der Gründung der Arbeiterversicherungsanstalt (»Işçi Sigortalari Kurumu«) realisiert werden. Mit der Arbeiterversicherungsan-stalt war eine neuartige Institution errichtet worden, die fortan eine für die soziale Sicherheit der Arbeitnehmer erforderliche Struktur schaffen sollte. Konkret wurde mit dem Inkrafttreten des Gesetzes Nr. 4772 über die Versicherung bei Arbeitsunfällen, Berufskrankheiten und Mutterschaft[29] am 01.07.1946 der Grundstein hierfür gelegt. Die Altersversicherung der Arbeitnehmer erfolgte drei Jahre später und wurde in der Folgezeit durch zahlreiche Gesetzesänderun-gen schließlich 1957 mit der Verabschiedung des Gesetzes Nr. 6900 zur Alters-, Erwerbsunfähigkeits- und Invaliditätsversicherung[30] durch eine umfassendere gesetzliche Regelung ersetzt. Damit war ein modernes Rentenversicherungssys-tem geschaffen, dass den abhängig Beschäftigten neben der Altersabsicherung nun auch Leistungen bei Erwerbsunfähigkeit gewährte. Schließlich konnte mit

---

[24] Die Abkürzung stellt die offizielle türkische Kurzbezeichnung der Sozialversicherungs-anstalt (»Sosyal Sigortalar Kurumu«) dar.

[25] Vgl. Ahi (2001), S. 231f., vgl. auch Höhfeld (1995), S. 60.

[26] Gesetz Nr. 3008 v. 08.06.1936, RG v. 15.06.1937, Nr. 3330.

[27] § 107 des Gesetzes Nr. 3008. Gleichwohl lassen sich frühere Ansätze bereits in der vor-republikanischen Zeit, während der Tanzimat-Reformperiode (1839-1871) finden. Zu erinnern sei etwa an die Verordnung des Dilaver Paşa (»Dilaver Paşa Nizamnamesi«), mit der ein erstes Arbeitsschutzprogramm für die Bergarbeiter in der Bergbauregion um Ereğli umgesetzt wurden. Vgl. Lautenschlager (1996), S. 25, vgl. Tanili (1994), S. 31, vgl. auch Tanili (1993), S. 80, vgl. Schirrmacher (1983), S. 95.

[28] Gesetz Nr. 4792 v. 09.07.1945, RG v. 16.07.1945, Nr. 6058.

[29] Gesetz Nr. 4772 v. 07.07.1945, RG v. 01.07.1946, Nr. 6051.

[30] Gesetz Nr. 6900 v. 04.02.1957, RG v. 01.06.1957, Nr. 12032.

Inkrafttreten des Sozialversicherungsgesetzes Nr. 506 im Jahre 1964[31] die bislang fehlende soziale Absicherung der Arbeitnehmer im Falle von Krankheit, durch die Einführung der Krankenversicherung um eine weitere wichtige Komponente ergänzt werden.[32] Mit der Verabschiedung dieses Gesetzes, in welchem die leistungsrechtlichen Voraussetzungen der SSK bis heute geregelt sind, wurden die bestehenden rechtlichen Bestimmungen zur sozialen Absicherung der Arbeitnehmer erweitert und gleichzeitig auf einen größeren Pflichtversichertenkreis ausgedehnt.[33] Zudem entstand ein wichtiges und vor allem einheitliches Gesetzeswerk für die soziale Sicherheit der Arbeitnehmer. So erhielt die Arbeiterversicherungsanstalt ihre heutige Bezeichnung: Sozialversicherungsanstalt (SSK).[34] Als Staatsanstalt mit eigener Rechtspersönlichkeit ist die SSK mit Verwaltungs- und Finanzautonomie ausgestattet und dem Ministerium für Arbeit und Soziale Sicherheit zugeordnet.[35] Im Jahre 1946 mit nur 32 Mitarbeitern als eines der ersten staatlichen Institutionen im Bereich der sozialen Sicherung gegründet, beschäftigt die SSK heute ca. 70.638 Mitarbeiter in Verwaltung und medizinischen Eigeneinrichtungen.[36]

2.2.2 Der anspruchsberechtigte Personenkreis

Zum versicherten Personenkreis der SSK gehören Arbeitnehmer und deren Angehörige sowie freiwillig Versicherte.[37] Pflichtversichert sind, unabhängig von der Einkommenshöhe, Art und Dauer der Tätigkeit, grundsätzlich alle Arbeitnehmer des privaten und öffentlichen Sektors einschließlich der Seeleute und Bergarbeiter, ferner die Arbeitgeber und die zu ihrer Berufsausbildung Beschäftigten sowie Rentner. Eine Versicherungspflichtgrenze existiert

---

[31] Gesetz Nr. 506 v. 17.07.1964, RG v. 29./30./31.07.1964 – 01.08.1964, Nr. 11766 – 11779.

[32] Vgl. Bakan (1996), 2.

[33] Vgl. Hänlein (1998), S. 557.

[34] § 136 des Gesetzes Nr. 506. In den rechtlichen Geltungsbereich des Sozialversicherungsgesetzes Nr. 506 fallen darüber hinaus, gemäß Interimsparagraph 20, auch die Sozialkassen einiger Banken und Versicherungsgesellschaften. Die soziale Absicherung der Versicherten hinsichtlich Art und Umfang der gewährten Leistungen im Rahmen dieser Sozialkassen geht i.d.R. weit über die gesetzlich vorgeschriebenen Leistungen hinaus. Aufgrund ihrer relativ geringen Bedeutung im gegenwärtigen System der Sozialversicherung, findet jedoch im weiteren keine Berücksichtigung dieser Sozialkassen statt. Vgl. Demirbilek / Sözer (1996), S. 178f., vgl. Danışoğlu (2002), S. 220.

[35] Vgl. Hänlein (1998), S. 569. Zur aktuellen Reformentwicklung in diesem Zusammenhang siehe Kapitel 3.2.1.

[36] www.ssk.gov.tr.

[37] §§ 2, 85 des Gesetzes Nr. 506.

somit nicht.[38] Als Arbeitnehmer gelten nach türkischem Arbeitsrecht „natürliche Personen, die aufgrund eines Arbeitsvertrages (»iş sözleşmesi«) beschäftigt sind."[39] Seit Inkrafttreten des Reformgesetzes Nr. 4447 im Jahre 1999[40] unterliegen der Pflichtversicherung auch Arbeitslose. Eine freiwillige Versicherungsmitgliedschaft ist lediglich im Bereich der Invaliditäts-, Alters- und Sterbeversicherung für Personen möglich, deren Absicherung nicht bereits durch einen anderen Sozialversicherungsträger erfolgt.[41] Im Jahre 1983 wurde die rechtliche Grundlage zur Eingliederung der in der Landwirtschaft Erwerbstätigen in das Sozialversicherungssystem geschaffen.[42] Seither können sich die abhängig Beschäftigten in diesem Sektor *freiwillig* gegen die Risiken bei Krankheit, Arbeitsunfällen, Invalidität und Alter versichern.[43] Für die Erwerbstätigen außerhalb des landwirtschaftlichen Sektors beginnt die Pflichtversicherung kraft Gesetzes mit dem Zeitpunkt der Aufnahme eines arbeitsvertraglich begründeten Beschäftigungsverhältnisses.[44] Da der Versicherungsschutz nur für die Dauer des Arbeitsverhältnisses besteht, hat der Arbeitgeber der SSK Beginn und Ende des Arbeitsverhältnisses entsprechend anzuzeigen.[45] Die Beitragsbemessung orientiert sich an Tagesverdienstgrenzen (»günlük kazanç sınırları«).[46] Der niedrigste Beitragssatz wird auf der Basis der unteren Tagesverdienstgrenze, die gegenwärtig bei vier Millionen Türkischer Lira (TL) liegt, erhoben.[47] Arbeitgeber, deren Beschäftigte einen Lohn unterhalb dieser Grenze erhalten, sind verpflichtet, für diese die entsprechenden Differenzprämien (für eine Beitragsbemessung auf Basis der unteren Tagesverdienstgrenze) an die SSK zu entrichten. Für alle darüber liegenden Einkommensgruppen werden die Beiträge bis maximal zur oberen Tagesverdienstgrenze, die derzeit bei 12 Millionen TL liegt,

---

[38] Im Gegensatz dazu sind in Deutschland im Rahmen der gesetzlichen Krankenversicherung (GKV) alle Arbeitnehmer nur bis zu einem bestimmten Einkommen pflichtversichert. Arbeitnehmer mit höherem Einkommen und Selbständige können sich hingegen freiwillig in der GKV oder bei einer privaten Krankenkasse versichern lassen. Vgl. Baur / Heimer / Wieseler (2000), S. 36.

[39] § 2 des Gesetzes Nr. 4857 v. 22.05.2003, RG v. 10.06.2003, Nr. 25134. Der Tatbestand der abhängigen Beschäftigung wird dabei nicht erwähnt. Da das türkische Arbeitsrecht keine Unterscheidung zwischen Arbeitnehmer und Angestellten kennt, beinhaltet der Arbeitnehmerbegriff stets auch die Angestellten. Vgl. Dilik (1979), S. 108.

[40] Gesetz Nr. 4447 v. 25.08.1999, RG v. 08.09.1999, Nr. 23810.

[41] § 85 des Gesetzes Nr. 506.

[42] Gesetz Nr. 2925 v. 17.10.1983, RG v. 20.10.1983, Nr. 18197.

[43] § 2 des Gesetzes Nr. 2925.

[44] § 6 des Gesetzes Nr. 506.

[45] § 8 des Gesetzes Nr. 506.

[46] § 78 des Gesetzes Nr. 506. Diese werden unter Berücksichtigung der durchschnittlichen Lebenshaltungskosten jährlich fortgeschrieben.

[47] Stand 01.01.2004. Im Jahre 2002 betrug der Anteil derer, die auf der Basis des Mindestbeitrags sozialversichert waren 49,9 % an der Gesamtzahl der Aktivversicherten. Vgl. DPT (2003), S. 174.

berechnet.[48] Abbildung 2 gibt einen Einblick in die Versichertenstruktur der SSK:

Abb. 2: Die Versichertenstruktur der SSK

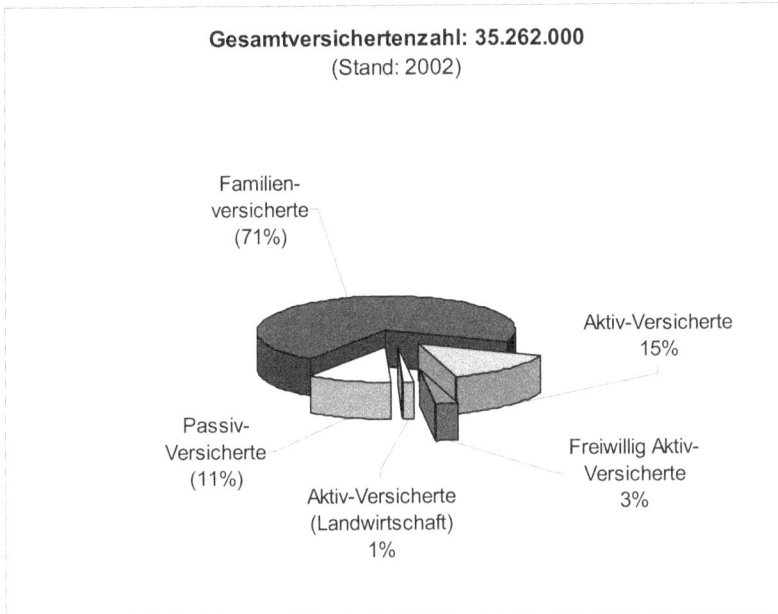

Gesamtversichertenzahl: 35.262.000
(Stand: 2002)

Familien-
versicherte
(71%)

Aktiv-Versicherte
15%

Passiv-
Versicherte
(11%)

Aktiv-Versicherte
(Landwirtschaft)
1%

Freiwillig Aktiv-
Versicherte
3%

Quelle: Eigene Darstellung, DPT (2003), S. 176.

Mit einer Gesamtversichertenzahl von über 35 Millionen erbringt die SSK Leistungen an nahezu die Hälfte der türkischen Bevölkerung. Auffällig in Abbildung 2 ist jedoch der mit lediglich 1 % ausgewiesene Versichertenanteil in der Landwirtschaft, trotz des hohen Erwerbsanteils in diesem Sektor.[49] Das Aktiv-Passiv-Verhältnis lag für 2002 bei 1,69.[50]

---

[48] Den höchsten Beitragssatz entrichteten im Jahr 2002 lediglich 3,1 % aller Aktivversicherten der SSK. Vgl. DPT (2003), S. 174.

[49] Vgl. Kapitel 3.1.1.

[50] D.h. auf einen Passiv-Versicherten (Rentner) entfallen 1,69 Aktiv-Versicherte (Beitragszahler). Berücksichtigt man zusätzlich die Familienversicherten, fallen auf 1,0 Aktiv-Versicherte 4,55 Passiv-Versicherte. Vgl. DPT (2003), S. 174.

2.2.3 Die Leistungen der SSK im Überblick

Die soziale Absicherung der Arbeitnehmer deckt die Risiken bei Arbeitsunfällen, Berufskrankheiten, Krankheit, Mutterschaft, Invalidität sowie im Alter und im Todesfall.[51] Familienleistungen, wie z.b. Kindergeld, werden im Rahmen der SSK nicht gewährt. Nachfolgend werden die Leistungen im Bereich der Kranken-, Unfall- und Rentenversicherung näher vorgestellt.

2.2.3.1 Kranken- und Mutterschaftsversicherung

Die Regelungen über die Kranken- und Mutterschaftsversicherung sind in Kapitel III und IV des Sozialversicherungsgesetzes Nr. 506 geregelt. Die Krankenversicherung (»Hastalık Sigortası«) ist für die Behandlung von Erkrankungen zuständig, die nicht in den Zuständigkeitsbereich der Arbeitsunfall- und Berufskrankheitsversicherung (»İş Kazalarıyla Meslek Hastalıkları Sigortası«) fallen.[52] Anders als in der gesetzlichen Krankenversicherung in Deutschland (GKV), können die Leistungen der Krankenversicherung grundsätzlich erst nach Erfüllung einer allgemeinen Wartezeit in Anspruch genommen werden. Infolge des Reformgesetzes Nr. 4447 wurden die Anspruchsvoraussetzungen in der Krankenversicherung der SSK teilweise neu geregelt. Während bislang ein Leistungsanspruch im Krankheitsfall nur dann geltend gemacht werden konnte, wenn der Versicherte in den vergangenen 12 Monaten vor der Erkrankung mindestens 120 beitragspflichtige Tage in der Krankenversicherung aufwies, wurde die Anwartschaftszeit für Neuversicherte ab dem 08.09.1999 auf 6 Monate verkürzt und eine sog. „Vorversicherungszeit" von 60 Tagen eingeführt.[53] Aktiv-Versicherte haben demnach Anspruch auf medizinische Leistungen, wenn sie innerhalb von 6 Monaten vor Ausbruch der Erkrankung Krankenversicherungsbeiträge für insgesamt 120 Arbeitstage nachweisen, wobei hiervon die Beiträge für 60 Arbeitstage unmittelbar vor Feststellung der Erkrankung vorliegen müssen. Weiterhin gültig sind jedoch die Regelungen im Falle einer medizinisch notwendigen Auslandsbehandlung. Dieser Anspruch besteht lediglich für Versicherte, die in den vergangenen 12 Monaten vor Feststellung der Erkrankung mindestens 300 Tage Beiträge zur Krankenversicherung vorweisen können. Ebenso unverändert sind die Regelungen im Rahmen der Familienversicherung. Der Krankenversicherungsschutz für die mitversicherten Familienangehörigen des Versicherten (Ehemann / -frau, unterhaltspflichtige Kinder sowie die Eltern) setzt ebenso erst nach einer 12 monatigen Wartezeit ein, wenn in dieser Zeit Krankenversicherungsbeiträge für mindestens 120 Arbeitstage entrichtet wur-

---

[51] § 1 des Gesetzes Nr. 506.

[52] § 32 des Gesetzes Nr. 506. In der vorliegenden Arbeit werden die Arbeitsunfall- und Berufskrankheitsversicherung als jeweilige Leistungen der Unfallversicherung klassifiziert.

[53] § 3 des Gesetzes Nr. 4447.

den.[54] Im Gegensatz zur GKV stellt die Anwartschaftszeitregelung ein wesentliches Strukturelement im gesetzlichen Krankenversicherungssystem der Türkei dar. Darüber hinaus umfasst der Krankenversicherungsanspruch, neben dem Ehepartner und den Kindern, wie bereits erwähnt, auch die Eltern des Versicherten, wenn der Versicherte überwiegend für deren Unterhalt aufzukommen hat (»geçindirmekle yükümlü«).[55] Seit Einführung der Arbeitslosenversicherung sind auch Arbeitslose bei der SSK gegen Krankheit und Mutterschutz pflichtversichert.[56] Hingegen unterliegen der Pflichtversicherung nicht die abhängig Erwerbstätigen des landwirtschaftlichen Sektors. Diese können sich freiwillig auf der Grundlage des Gesetzes Nr. 2925 vom 17.10.1983[57] gegen Krankheit, Alter und Invalidität versichern.

Zu den Leistungen der Krankenversicherung zählen im Einzelnen:[58]

> Die Behandlung einer Krankheit sowie die aus medizinischen Gründen erforderliche Inanspruchnahme von Leistungen sonstiger Einrichtungen;

> Die Versorgung mit Arznei-, Heil- und Hilfsmittel;

> Leistungen bei Schwangerschaftsabbruch;

> Das Krankengeld.

Für die ambulante und stationäre Versorgung stehen landesweit medizinische Eigeneinrichtungen zur Verfügung.[59] Die erwähnten Maßnahmen zielen daraufhin, die Gesundheit der Versicherten zu erhalten oder wiederherzustellen. Allerdings ist im Gesetz eine zeitliche Begrenzung der medizinischen Leistungen auf höchstens sechs Monate vorgesehen.[60] „Stellt sich am Ende einer Behandlung heraus, dass ein Versicherter nach wie vor arbeitsunfähig ist, [...], ist dies einer der Leistungsfälle der Invaliditätsversicherung."[61] Wie im hiesigen System der gesetzlichen Krankenversicherung herrscht dabei das sog. Sachleistungsprinzip. Bei ambulanter Behandlung gilt für SSK-Versicherte prinzipiell der Grundsatz der Selbstbeteiligung in Höhe von 20 % der Gesamtkosten der verordneten Arzneimittel.[62] Versicherte haben – bei Vorlage eines entsprechenden ärztlichen Attests –, ab dem dritten Tag der Arbeitsunfähigkeit, einen Anspruch auf Kran-

---

[54]   §§ 35, 42 des Gesetzes Nr. 506.
[55]   § 42 des Gesetzes Nr. 506.
[56]   Vgl. 2.5.
[57]   Gesetz Nr. 2925 v. 17.10.1983, RG v. 20.10.1983, Nr. 18197.
[58]   §§ 33, 37 des Gesetzes Nr. 506.
[59]   § 123 des Gesetzes Nr. 506.
[60]   § 34 des Gesetzes Nr. 506.
[61]   Vgl. Hänlein (1998), S. 560.
[62]   § 33 C des Gesetzes Nr. 506.

kengeld (»geçiçi iş göremezlik ödeneği«) für die Dauer von maximal 18 Monate.[63] Eine Entgeltfortzahlung im Krankheitsfall durch den Arbeitgeber kennt das türkische Recht nicht.

Ein weiterer Versicherungsschutz betrifft die Regelungen zum Mutterschutz.[64] Als unmittelbare Folge des Artikel 41 der türkischen Verfassung ist der Staat zum Schutze der Familie, insbesondere der von Müttern und Kindern verpflichtet. Die Mutterschaftsversicherung (»Analık Sigortası«) verwirklicht dieses Verfassungsgebot für die Ehefrauen versicherter Arbeitnehmer sowie für berufstätige Frauen selbst. Zu den besonderen Leistungen zählen im Rahmen dieser Versicherung:[65]

> ➤ Die medizinische Versorgung bei Schwangerschaft und Entbindung, inkl. sonstiger erforderlicher Heilmaßnahmen vor und während der Geburt,

> ➤ der Anspruch auf ein sog. „Stillgeld" sowie

> ➤ das Mutterschaftsgeld.

Darüber hinaus haben werdende Mütter einen Anspruch auf geburtshilfliche Leistungen.[66] Für jedes Neugeborene wird ein Stillgeld gewährt.[67] Um einen Anspruch auf diese Leistungen geltend machen zu können, müssen versicherte Frauen mindestens 90 Tage Pflichtbeiträge in die Mutterschaftsversicherung, im Jahr vor der Geburt, eingezahlt haben.[68] Versicherten Männern wird dieser Anspruch für ihre mitversicherten Frauen hingegen erst dann gewährt, wenn diese bereits vor der Geburt verheiratet waren und für das Vorjahr Pflichtbeiträge für mindestens 120 Tage vorliegen. Während in der deutschen gesetzlichen Krankenversicherung die Beiträge jeweils zur Hälfte durch Arbeitgeber und Arbeitnehmer aufgebracht werden, ist dieser in der Türkei zu Lasten der Arbeitgeber höher. Der derzeitige Krankenversicherungsbeitragssatz der SSK (in Höhe von 11 % des Bruttoeinkommens) wird zu 5 % durch die Arbeitnehmer und zu 6 % durch die Arbeitgeber finanziert.[69] Die Beiträge zur Mutterschaftsversicherung (in Höhe von 1 %) werden hingegen vollständig durch die Arbeitgeber erbracht.[70]

---

[63] § 37 des Gesetzes Nr. 506.

[64] Die Ausführungen zur Mutterschaftsversicherung sind in Kapitel V des Gesetz Nr. 506 enthalten.

[65] § 43 des Gesetzes Nr. 506.

[66] § 45 des Gesetzes Nr. 506.

[67] § 47 des Gesetzes Nr. 506.

[68] § 48 des Gesetzes Nr. 506.

[69] § 73 B a des Gesetzes Nr. 506.

[70] § 73 C des Gesetzes Nr. 506.

2.2.3.2 Rentenversicherung

Ebenso wie die Krankenversicherung ist auch die Rentenversicherung (»Yaşlılık Sigortası«), die in Kapitel VI des Sozialversicherungsgesetzes Nr. 506 geregelt ist, durch eine Pflichtmitgliedschaft gekennzeichnet.[71] Bei der Darstellung des Rentenversicherungssystems der SSK sei darauf hingewiesen, dass nachfolgend, zwecks eines besseren Verständnisses und Übersicht, die Invaliditäts-, Alters- und Hinterbliebenenrente (Witwen- und Waisenrente) als jeweilige Leistungen des Rentenversicherungszweigs behandelt wurden.[72] Diese Zuordnung ist nicht zwingend, da das Sozialversicherungsgesetz die genannten Rentenarten als eigenständige Themenkomplexe gesondert in den Kapiteln V bis VII regelt.

2.2.3.2.1 Altersrente

Die Anspruchsvoraussetzungen für den Bezug einer SSK-Altersrente wurden im Zuge der Verabschiedung des Reformgesetzes Nr. 4447 im Jahre 1999[73] verschärft. Zum 08.09.1999 (Stichtag) erfolgte die stufenweise Anhebung der bisherigen Altersgrenzen von 50 auf 58 Jahre bei Frauen und von 55 auf 60 Jahre bei Männern.[74] Für alle Arbeitnehmer, die bereits vor dem Stichtag rentenversichert waren, gilt ein Übergangszeitraum von zehn Jahren.[75] Damit wurde die nach „altem" Recht zwar bestehende, jedoch für den Rentenanspruch nicht unbedingt erforderliche Erreichung einer Altersgrenze nun einerseits erhöht und andererseits verbindlich für den Bezug einer Altersrente.[76] Parallel dazu erfolgte die Erhöhung der Mindestbeitragsdauer für den Bezug einer Regelaltersrente für Neuversicherte von bislang 5.000 Beitragstagen auf 7.000 Beitragstage. Für bereits Versicherte existiert eine entsprechende Übergangsregelung. Versicherte, die mit Vollendung der geschlechtsspezifisch festgelegten Lebensjahre Pflichtbeiträge für mindestens 7.000 Arbeitstage (oder bei analoger Altersregelung, seit

---

[71] § 6 des Gesetzes Nr. 506.

[72] Dies u.a. deshalb, weil sich gewisse Renten, die sich im Abschnitt über die Alters- bzw. Rentenversicherung (»Yaşlılık Sigortası«) finden und als Altersrenten firmieren, bei funktionaler Betrachtung ebenso als Invaliditätsrenten erweisen. Vgl. Hänlein (1998), S. 559.

[73] Gesetz Nr. 4447 v. 25.08.1999, RG v. 08.09.1999, Nr. 23810.

[74] Vgl. Ahi (2001), S. 236.

[75] Interimsparagraph (»geçici madde«) 81 des Gesetzes Nr. 506. Nachdem das türkische Verfassungsgericht die Übergangsregelungen mit Urteil Nr. 2001/41 am 23.02.2001 für verfassungswidrig erklärte, wurde im Rahmen des Gesetzes Nr. 4759 vom 23.05.2002 ein neues Übergangskonzept im Parlament verabschiedet. Die neuen Übergangsregelungen traten schließlich am 01.06.2002 in Kraft.

[76] Für den Bezug einer Altersrente (nach altem Recht) war es ausreichend, wenn die Versicherten ungeachtet einer vorgeschriebenen Altersgrenzen eine bestimmte Mindestversicherungszeit vorweisen konnten. Für Männer betrug diese 25 Arbeitsjahre und für Frauen 20 Arbeitsjahre. Vgl. Hänlein (2001), S. 285.

25 Jahren versichert sind und für mindestens 4.500 Arbeitstage Pflichtbeiträge in die Invaliditäts-, Alters- sowie Hinterbliebenenversicherung aufweisen können), erhalten zukünftig Anspruch auf eine volle Altersrente.[77] Die Höhe der Rente wird nach einem komplizierten Berechnungsschema auf der Grundlage des früheren Durchschnittsverdienstes ermittelt und wird in der Regel jährlich an die Inflationsentwicklung angepasst.[78] Ein vorgezogenes Altersruhegeld erhalten Versicherte vor Vollendung ihres 50. Lebensjahres auf schriftlichen Antrag, wenn sie als Bergarbeiter wenigstens 20 Jahre versicherungspflichtig waren und dabei für mindestens 5.000 Arbeitstage Beiträge nachweisen.[79] Darüber hinaus besteht für Versicherte die Möglichkeit, mit Vollendung des 50. Lebensjahres, eine Rente wegen vorzeitiger Alterung zu beantragen.[80] Neben der Gewährung einer Altersrente, kann auf schriftlichen Antrag, eine Beitragsrückerstattung an diejenigen Versicherten erfolgen, die wegen mangelnder Voraussetzungen keinen Anspruch auf die volle Altersrente geltend machen können.[81]

2.2.3.2.2 Invaliditätsrente

Die Regelungen des Sozialversicherungsgesetzes Nr. 506 über die Invaliditätsversicherung (»Maluliyet Sigortası«) verwenden keinen einheitlichen Invaliditätsbegriff, sondern es werden vielmehr drei Fälle benannt, in denen Versicherte gleichermaßen als Invalide betrachtet werden.[82] Als vollständig Invalide gelten zum einen Versicherte, deren »Arbeitskraft« (»çalışma gücü«) auf weniger als zwei Drittel gesunken ist.[83] In diesen Fällen spielt die Ursache der Beeinträchtigung keine Rolle. Eine Einschränkung ergibt sich nur insofern, als die Arbeitsunfähigkeit auf eines der Krankheitsbilder zutreffen muss, die in die entsprechende Liste der anerkannten Krankheiten bei der SSK aufgenommen wurden.[84] Versicherte, deren Arbeitsfähigkeit diesen Minderungsgrad nicht aufweisen, gelten ebenso als Invalide, wenn dies nach Ende einer medizinischen Behandlung durch ein entsprechendes ärztliches Gutachten der SSK (§ 109 SSK) bescheinigt wird.[85] Schließlich liegt Invalidität auch dann vor, wenn der Versicherte seine »Erwerbsfähigkeit im Beruf« (»meslekte kazanma gücü«) in

---

[77] § 60 A a-b des Gesetzes Nr. 506.

[78] Näheres unter § 61 des Gesetzes Nr. 506.

[79] § 60 B a des Gesetzes Nr. 506.

[80] § 60 D a des Gesetzes Nr. 506.

[81] § 59 des Gesetzes Nr. 506.

[82] Eine detailliertere Einführung in die soziale Sicherung, für den Fall der Invalidität, findet sich bei Hänlein (1998), S. 556ff.

[83] §§ 53 a des Gesetzes Nr. 506.

[84] § 10 der Rechtsverordnung v. 26.05.1972, Nr. 7/4496, RG v. 22.06.1972, Nr. 14223. »Rechtsverordnung über Gesundheitsverfahren in der Sozialversicherung« (»Sosyal Sigorta Sağlık İşlemleri Tüzüğü«).

[85] § 53 b i.V.m. § 34 des Gesetzes Nr. 506.

Folge eines Arbeitsunfalls oder einer Berufskrankheit um mehr als 60 % verliert.[86] Ein Rentenanspruch besteht, wenn der Versicherte als Invalide (im soeben erörterten Sinne) gilt und zu diesem Zeitpunkt Pflichtbeiträge für insgesamt 1.800 Tage vorliegen. Alternativ kann der Anspruch auch bei einer Mindestversicherungszeit von 5 Jahren erworben werden, wenn pro Jahr durchschnittlich für 180 Tage Pflichtbeiträge zur Invaliditäts-, Alters- und Hinterbliebenenversicherung entrichtet worden sind.[87] Die SSK kann die Durchführung von Rehabilitationsmaßnahmen veranlassen, wenn darin eine Möglichkeit zur Wiedereingliederung des betroffenen in seinen bisherigen Beruf besteht.[88] Die jährliche Höhe der Rente beträgt 60 % des durchschnittlichen Jahreseinkommens des Versicherten und wird monatlich ausgezahlt. Ist der Versicherte auf die Hilfe und Pflege anderer angewiesen, kann eine Rentenerhöhung auf bis zu 70 % erfolgen.[89]

2.2.3.2.3 Hinterbliebenenrente

In engem Zusammenhang mit der Altersrente stehen die Leistungen der Sterbeversicherung (»Ölüm Sigortası«) an die Hinterbliebenen des Verstorbenen in Form der Witwen-/Witwer- und Waisenrente.[90] Ein Leistungsanspruch wird erworben, wenn der Verstorbene entweder bereits Empfänger einer Alters- oder Invalidenrente war oder aber innerhalb einer Mindestversicherungszeit von 1.800 Tagen pro Jahr durchschnittlich für 180 Tage Pflichtbeiträge zur Invaliditäts-, Alters- und Hinterbliebenenversicherung entrichtet hat.[91] Die Höhe der Hinterbliebenenrente beträgt als Gesamtbetrag 60 % der Alters- oder Invaliditätsrente des Verstorbenen. Davon entfallen auf den Ehegatten – je nach Kinderanzahl – 60 % bis 75 % und für Waisen einschließlich der Eltern 25 %.[92] Ein Leistungsanspruch für die Eltern des Versicherten entsteht jedoch nur unter der Voraussetzung, dass nicht ausgeschöpfte Mittel aus dem Gesamtbetrag zur Verfügung stehen und der Nachweis einer Bedürftigkeit vorliegt.[93] Die Waisenrente wird grundsätzlich bis zur Vollendung des 18. Lebensjahres gewährt, wobei sich durch Ausbildung oder Studium eine längere Bezugsdauer ergeben kann.[94] Darüber hinaus besteht für unverheiratete Mädchen, sowie geschiedene Frauen, ein

---

[86] § 53 c des Gesetzes Nr. 506.

[87] § 54 des Gesetzes Nr. 506.

[88] § 122 des Gesetzes Nr. 506.

[89] § 55 des Gesetzes Nr. 506.

[90] § 65 des Gesetzes Nr. 506.

[91] § 66 des Gesetzes Nr. 506.

[92] § 67 des Gesetzes Nr. 506.

[93] § 69 des Gesetzes Nr. 506.

[94] § 68 C IV des Gesetzes Nr. 506.

Anspruch auf eine Waisenrente.[95] Tabelle 1 vermittelt einen Überblick über die Zahl der Leistungsempfänger in den genannten Rentenarten:

Tab. 1:Leistungen der SSK differenziert nach ausgewählten Rentenarten

Rentenart	Zahl der Empfänger (Stand: 2000)
Invaliditätsrente	62.133
Altersrente	2.500.417
Hinterbliebenrente	984.699
Gesamt	**3.547.249**

Quelle: www.ssk.gov.tr

Der Rentenversicherungsbeitrag zur SSK liegt bei 20 % des Bruttoeinkommens des Versicherten. Davon entfallen 9 % auf den Arbeitnehmer- und 11 % auf den Arbeitgeberanteil.[96]

2.2.3.3 Unfallversicherung

Zu den traditionellen Versicherungszweigen der SSK gehören seit je her die Arbeitsunfall- und Berufskrankheitsversicherung. Alle Arbeitnehmer sind im Rahmen der Unfallversicherung obligatorisch gegen die Folgen von Arbeitsunfällen und Berufskrankheiten versichert, deren Einzelheiten im weiteren darzustellen sind.

2.2.3.3.1 Die Arbeitsunfallversicherung

Versicherte Arbeitnehmer haben Anspruch auf Leistungen aus der Arbeitsunfallversicherung, wenn es zu einem Arbeitsunfall im Zusammenhang mit einer versicherten Tätigkeit mit körperlichen und/oder psychischen Folgen kommt.[97] Die Leistungen umfassen die vollständige medizinische Behandlung, einschließlich der Übernahme der Kosten für Arzneimittel.[98] Für den Fall einer

---

[95] § 68 C a des Gesetzes Nr. 506.

[96] § 73 D des Gesetzes Nr. 506.

[97] Zu den versicherten Tätigkeiten gehören u.a. die Ausführung arbeitgeberseitig angeordneter Aufgaben, das Stillen während der dafür vorgesehenen Zeiten am Arbeitsplatz, sowie die Benutzung unternehmenseigener Sammeltransporte im Rahmen der täglichen Arbeitsbeförderung. § 11 A a-e des Gesetzes Nr. 506.

[98] § 13 des Gesetzes Nr. 506.

vorübergehenden Arbeitsunfähigkeit (»iş göremezlik«) wird Verletztengeld (»geçici iş göremezlik ödeneği«) gezahlt.[99] Ferner besteht ein Anspruch auf Verletztenrente (»sürekli iş göremezlik geliri«), wenn sich nach erfolgter medizinischer Behandlung herausstellt, dass die »Erwerbsfähigkeit des Versicherten in seinem Beruf« (»sigortalının mesleğinde kazanma gücü«) um mindestens 10 % gemindert ist.[100] Die Höhe der Verletztenrente richtet sich entsprechend nach dem Minderungsgrad der Erwerbsfähigkeit des Versicherten.[101] Stirbt der Versicherte infolge des Arbeitsunfalls, erhalten die Hinterbliebenen (Ehemann bzw. Ehefrau sowie die Kinder) einen Anspruch auf eine monatliche Rente.[102] Zu den Fürsorgepflichten des Arbeitgebers gehört es, die erforderlichen Maßnahmen für die Gesundheit und Sicherheit der Arbeitnehmer zu treffen und im Falle eines Arbeitsunfalls diese unverzüglich zu melden.[103] Mit den am 09.12.2003 erlassenen Arbeitsschutzbestimmungen durch das Ministerium für Arbeit und Soziale Sicherheit, wurden die Schutzvorschriften in den Betrieben erweitert und so die Prävention verstärkt.[104] Die Aufsicht und Kontrolle der Umsetzung der Arbeitsschutzvorschriften obliegt dem Staat.[105]

2.2.3.3.2 Die Berufskrankheitsversicherung

Das Sozialversicherungsgesetz Nr. 506 definiert Berufskrankheiten als Krankheiten, die „aufgrund wiederkehrender berufsspezifischer Tätigkeiten eine vorübergehende oder dauernde Erkrankung, Behinderung oder psychische Schäden beim Versicherten zur Folge haben."[106] Krankheiten, die nicht in der entsprechenden Liste der anerkannten Berufskrankheiten aufgeführt sind, bedürfen, um als Berufskrankheit zugelassen zu werden, der vorherigen Genehmigung durch den obersten Gesundheitsrat der SSK (»Sosyal Sigorta Yüksek Sağlık Kurulu«).[107] Der Versicherte hat gleichsam Anspruch auf die im Rahmen eines Arbeitsunfalls gewährten medizinischen Leistungen.[108] Stirbt der Versicherte durch die Folgen seiner beruflichen Erkrankung, wird den Hinterbliebenen ein Sterbegeld in Höhe von 70 % des durchschnittlichen Verdienstes der letzten Jahre ge-

---

[99] § 16 des Gesetzes Nr. 506.

[100] § 19 des Gesetzes Nr. 506.

[101] § 20 des Gesetzes Nr. 506.

[102] § 23 des Gesetzes Nr. 506. Gemäß § 24 sind grundsätzlich auch die Eltern des Verstorbenen anspruchsberechtigt.

[103] §§ 17, 26, 41, 74-75 sowie 124 des Gesetzes Nr. 506.

[104] RG vom 09.12.2003. No: 25311.

[105] www.ssk.gov.tr. In den §§ 77-89 des Kapitel V des neuen Arbeitsgesetzes Nr. 4857 v. 22.05.2003 wurden die Bestimmungen über die Arbeitssicherheit und –gesundheit in den Betrieben neu geregelt.

[106] § 11 B des Gesetzes Nr. 506.

[107] § 11 B des Gesetzes Nr. 506.

[108] § 12 des Gesetzes Nr. 506.

währt.[109] Verschlechtert sich der Gesundheitszustand des Versicherten im Laufe der Zeit und wird dies durch ein ärztliches Gutachten bestätigt, kann eine entsprechende Erhöhung der monatlichen Rente beantragt werden.[110] Sowohl die Finanzierung der Arbeitsunfall- als auch der Berufskrankheitsversicherung erfolgt allein durch die Beiträge der Arbeitgeber, wobei die Sätze entsprechend der betrieblichen Risikoeinstufung zwischen 1,5 % und 7 % variieren.[111]

2.2.3.4 Bilanz

Unter systemvergleichenden Gesichtspunkten stellt die Integration von Finanzierung und die –erbringung von medizinischen Leistungen unter dem Dach der SSK den wohl wichtigsten Hauptunterschied zur gesetzlichen Krankenversicherung in der Bundesrepublik Deutschland dar.[112] Neben der Absicherung im Krankheitsfall gehört die staatliche Altersversorgung der Arbeitnehmer zu den Hauptaufgaben der SSK, die damit eine zentrale Institution im sozialen Sicherungssystem der Türkei darstellt.[113] Besonders auffällig ist, dass keine laufende Beteiligung des Staates an den Leistungsausgaben der Anstalt existiert. Eine finanzielle Beteiligung an der Sozialversicherung wird traditionell in der Weise praktiziert, dass der Staat lediglich im Falle einer Budgetüberschreitung die entstandenen Defizite ausgleicht.[114] Das Beitragsaufkommen als wichtigste Einnahmequelle liegt i.d.R. unterhalb des potentiell Erzielbaren, da seitens der Arbeitgeber (trotz bestehender Bußgeldvorschriften) häufig weder die Beiträge noch die erforderlichen versicherungsrelevanten Daten der Beschäftigten an die SSK übermittelt werden.[115] Ein weiterer zentraler Kritikpunkt betrifft die mangelhafte Umsetzung der geltenden Arbeitsschutzvorschriften in den Betrieben.[116] Obgleich seit 1964 gesetzlich verankert[117], spielen Präventionsmaßnahmen bislang in nahezu allen Versicherungszweigen nur eine untergeordnete Rolle.

---

[109] §§ 23-24 des Gesetzes Nr. 506.

[110] § 25 des Gesetzes Nr. 506.

[111] § 73 A i.V.m. § 74 des Gesetzes Nr. 506.

[112] Zur Organisation der Erbringung und Finanzierung von Gesundheitsleistungen in der GKV siehe Baur / Heimer / Wieseler (2000), S. 38f.

[113] Vgl. auch Kapitel 2.6.

[114] Vgl. Hänlein (2001), S. 286.

[115] Vgl. Demirbilek / Sözer (1996), S. 171.

[116] Vgl. auch KOM (2001), S. 75.

[117] § 124 des Gesetzes Nr. 506.

2.3 Die soziale Absicherung der Selbständigen, Freiberufler und Künstler durch die Pensionsversicherungsanstalt (Bağ-Kur)

Ein sozialpolitisch wichtiger Meilenstein wurde in der Türkei mit der Aufnahme der selbständig Erwerbstätigen in das Netz der sozialen Sicherung durch die Gründung der Pensionsversicherung für Selbständige, Freiberufler und Künstler (kurz: Bağ-Kur)[118], im Jahre 1971, erreicht.[119] Die relativ späte Errichtung dieser Versicherungsanstalt hing nicht zuletzt mit dem lange Zeit für nicht erforderlich angenommen Schutzbedürfnis dieser Personengruppe durch die Politik zusammen. Erst die zunehmenden wirtschaftlichen und sozialen Wandlungsprozesse brachten es mit sich, dass über die traditionellen Gruppen der abhängig Beschäftigten hinaus, eine Ausweitung der sozialen Sicherung auch auf Selbständige und Freiberufler für erforderlich gehalten wurde. Die Bağ-Kur ist ebenso wie die SSK der Aufsicht des Ministeriums für Arbeit und Soziale Sicherheit unterstellt und als staatlicher Sozialleistungsträger in amtlichen und finanziellen Fragen mit sonderrechtlichen Bestimmungen ausgestattet.[120]

2.3.1 Der anspruchsberechtigte Personenkreis

Die maßgeblichen Rechtsvorschriften hinsichtlich des versicherten Personenkreises werden durch die Gesetze mit der Nr. 1479 und 2926 bestimmt. Zentrales Kriterium für die Begründung eines Versicherungsverhältnisses im Sinne beider Gesetze ist u.a. das Vorliegen einer selbständigen Tätigkeit, die in eigenem Namen und auf eigene Rechnung ausgeübt wird.[121] Zu den Pflichtversicherten des Gesetzes Nr. 1479 gehören alle selbständig Erwerbstätigen der gewerblichen Wirtschaft, die das 18. Lebensjahr vollendet haben sowie Freiberufler, die einer Berufskammer angehören.[122] Eine freiwillige Versicherungsmöglichkeit besteht überdies auf schriftlichen Antrag für Hausfrauen und ausländische Staatsbürger mit ständigem Wohnsitz in der Türkei. Die soziale Absicherung der Selbständigen in der Landwirtschaft erfolgt auf freiwilliger Basis durch das Gesetz Nr. 2926.[123] Tabelle 2 stellt den Versichertenkreis der Bağ-Kur zusammenfassend dar:

---

[118] Bağ-Kur stellt die offizielle türkische Kurzbezeichnung der Pensionsversicherungsanstalt dar und steht ausgeschrieben für „Bağımsız Çalışanların Sosyal Sigortalar Kurumu."

[119] Gesetz Nr. 1479 v. 02.09.1971, RG v. 14.09.1971, Nr. 13956.

[120] § 1 des Gesetzes Nr. 1479. Zur aktuellen Reformentwicklung in diesem Zusammenhang siehe Kapitel 3.2.1.

[121] § 24 I des Gesetzes Nr. 1479.

[122] § 24 I des Gesetzes Nr. 1479.

[123] Gesetz Nr. 2926 v. 17.10.1983, RG v. 20.10.1983, Nr. 18197.

Tab. 2: Das Versichertenklientel der Bağ-Kur

⇨ Gewerbetreibende, Handwerker
⇨ Gewerbegesellschafter
⇨ Freiberufler (z.b. Ärzte, Ingenieure, Architekten)
⇨ Künstler
⇨ Hausfrauen
⇨ Selbständig Erwerbstätige in der Landwirtschaft
⇨ Ausländische Staatsbürger

Quelle: Eigene Darstellung.

Von besonderer Bedeutung ist die freiwillige Mitgliedschaft in Verbindung mit dem Gesetz Nr. 3201 aus dem Jahre 1985.[124] Hierbei wird den türkisch-stämmigen Auslandsmigranten die Möglichkeit geboten, durch nachträgliches Entrichten von Beiträgen an einen türkischen Sozialversicherungsträger, einen Rentenanspruch in der Heimat zu sichern. Bei einem Aktiv-Passiv-Verhältnis von 2,38 gehört die Bağ-Kur mit über 15 Millionen Versicherten nach der SSK zum zweitgrößten Sozialversicherungsträger des Landes (siehe Abbildung 3):[125]

Abb. 3: Die Versichertenstruktur der Bağ-Kur

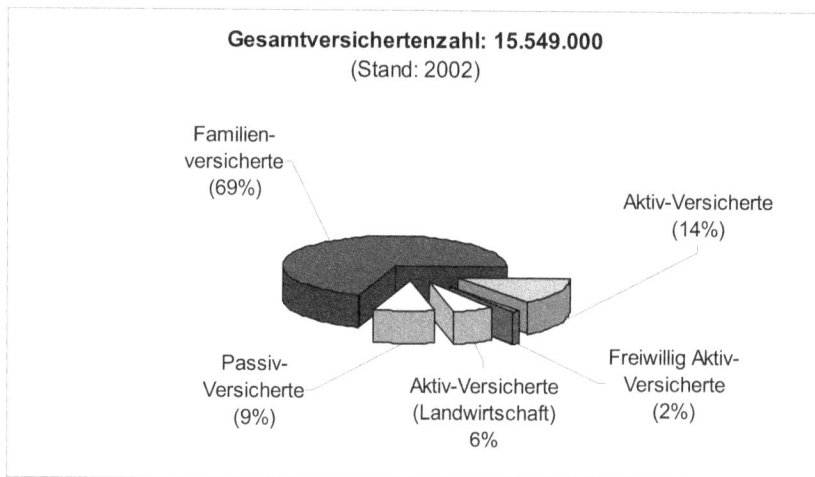

Gesamtversichertenzahl: 15.549.000
(Stand: 2002)

Familien-
versicherte
(69%)

Aktiv-Versicherte
(14%)

Passiv-
Versicherte
(9%)

Aktiv-Versicherte
(Landwirtschaft)
6%

Freiwillig Aktiv-
Versicherte
(2%)

Quelle: Eigene Darstellung, DPT (2003), S. 176.

---

[124] Gesetz Nr. 3201 v. 08.05.1985, RG v. 22.05.1985, Nr. 24569.
[125] Vgl. DPT (2003), S. 176.

2.3.2 Die Leistungen der Bağ-Kur im Überblick

Die soziale Absicherung der selbständig Erwerbstätigen beinhaltet lediglich Leistungen im Rahmen der Kranken- und Rentenversicherung. Es gibt keine separate Versicherung gegen Arbeitsunfälle und Berufskrankheiten. Wer arbeitsunfähig aufgrund eines dieser Risiken wird, hat unter Umständen Anspruch auf eine Invaliditätsrente. Nachfolgend werden die Leistungen der Bağ-Kur und ihre Anspruchsvoraussetzungen näher beschrieben.

2.3.2.1 Krankenversicherung

Die soziale Absicherung der Versicherten im Krankheitsfall gehörte nicht zum ursprünglichen Leistungsspektrum dieser Anstalt. Die Krankenversicherung wurde erst im Zuge der Verabschiedung des Gesetzes Nr. 3235 im Jahre 1985[126] als neuer Versicherungszweig, jedoch zunächst nur für die selbständig Erwerbstätigen der gewerblichen Wirtschaft, eingeführt. Seit Inkrafttreten des bereits erwähnten Reformgesetzes Nr. 4447 haben Versicherte und ihre Angehörigen Anspruch auf medizinische Sachleistungen für die Dauer von maximal sechs Monaten, wenn sie wenigstens acht Monate beitragspflichtig in der Krankenversicherung waren und keinerlei Beitragsrückstände aufweisen.[127] Nicht anspruchsberechtigt sind hingegen Personen, die krankenversicherungsrechtliche Ansprüche von anderen Sozialleistungsträgern geltend machen können. Im Gegensatz zur SSK betreibt die Bağ-Kur selbst keine Versorgungseigeneinrichtungen. Die medizinischen Leistungen werden vielmehr von externen Leistungsanbietern eingekauft, wobei die Entscheidung hinsichtlich der Auswahl der potentiellen Vertragspartner dem Ministerrat (»Bakanlar Kurulu«) vorbehalten ist.[128] Die Kosten der medizinischen Behandlung sind daher, Notfälle ausgeschlossen, außerhalb der Vertragseinrichtungen grundsätzlich nicht erstattungsfähig. Zu den Leistungen im Krankheitsfall gehören die ambulante und stationäre Heilbehandlung, die Übernahme der anfallenden Arzneimittelkosten sowie bei Bedarf ebenso die Kosten für Heil- und Hilfsmittel.[129] Die im Rahmen eines stationären Aufenthaltes anfallenden Arzneimittelkosten werden vollständig übernommen, während bei ambulanter Behandlung eine Selbstkostenbeteili-

---

126 Gesetz Nr. 3235 v. 05.11.1985, RG v. 09.11.1985, Nr. 18923.
127 Interimsparagraphen 12 des Gesetzes Nr. 1479 i.V.m. § 35 des Gesetzes Nr. 4447. Im Gegensatz zum bundesdeutschen Sozialrecht besteht im türkischen Sozialrecht die Möglichkeit Beiträge auch rückwirkend zu einem späteren Zeitpunkt zu entrichten.
128 Als Vertragspartner für die medizinische Versorgung von Bağ-Kur-Versicherten kommen hauptsächlich die Gesundheitseinrichtungen der SSK und des Gesundheitsministeriums sowie ausgesuchte Universitätskliniken in Frage.
129 Interimsparagraph 13 a-c des Gesetz Nr. 1479.

gung für Aktiv-Versicherte in Höhe von 20 % und für Rentner 10 % fällig wird.[130]

2.3.2.2 Rentenversicherung

Die Hauptleistungen der Bağ-Kur lagen von Beginn an primär in der Absicherung der Versicherten und deren Angehörigen bei Alter, Invalidität und Tod durch die Gewährung von Alters-, Invaliditäts- und Hinterbliebenenrenten.

2.3.2.2.1 Altersrente

Versicherte, die ihren Anspruch auf eine Regelaltersrente geltend machen wollen, müssen dies schriftlich bei der Bağ-Kur beantragen.[131] Während bislang ein voller Rentenanspruch, ungeachtet einer Altersgrenze, bereits nach Erfüllung einer geschlechtsspezifischen Mindestbeitragszeit von 20 Jahren bei Frauen und 25 Jahren bei Männern erworben werden konnte[132], wurde durch das Reformgesetz Nr. 4447 die Mindestbeitragszeit einheitlich auf 25 Jahre festgelegt und ein verbindliches Renteneintrittsalter für Frauen mit Vollendung des 58., und für Männer mit Vollendung des 60. Lebensjahres eingeführt.[133] Für Versicherte, die bereits vor dem Stichtag rentenversichert waren, gelten entsprechende Übergangsregelungen.[134] Eine partielle Altersrente können Versicherte im Falle einer zweijährigen Überschreitung der regulären Altersgrenzen bereits nach Ablauf einer Mindestbeitragszeit von 15 Jahren geltend machen.[135] Die Höhe der Altersrente bemisst sich wiederum auf der Basis des zuletzt bezogenen Einkommens in Verbindung mit der dazugehörigen Beitragsstufe[136] des Versicherten. Versicherte, welche die oben genannten Voraussetzungen für den Bezug einer Altersrente nicht erfüllen, weil sie z.B. aufgrund eines Arbeitsplatzverlustes nicht die erforderliche Mindestbeitragszeit von 15 Jahren erreichen, können durch schriftlichen Antrag mit Vollendung des 50. bzw. 55. Lebensjahres die Auszahlung ihrer bislang einbezahlten Beiträge beantragen.[137]

---

[130] Interimsparagraph 13 des Gesetzes Nr. 1479 i.V.m. § 36 des Gesetzes Nr. 4447. Auffallend in den gesetzlichen Bestimmungen über das türkische Sozialversicherungssystem ist das Fehlen eines jeglichen Wirtschaftlichkeitsgebots analog dem § 12 SGB V.

[131] § 35 a des Gesetzes Nr. 1479.

[132] § 35 b des Gesetzes Nr. 1479.

[133] § 28 a-b des Gesetzes Nr. 4447 v. 25.08.1999, RG v. 08.09.1999, Nr. 23810.

[134] Interimsparagraph 10 des Gesetzes Nr. 1479.

[135] § 35 a-c des Gesetzes Nr. 1479.

[136] Die Bağ-Kur räumt ihren Versicherten die Möglichkeit einer individuellen Höherversicherung auf einer Skala von maximal 24 Beitragsstufen ein. Das Prinzip folgt dabei dem Grundsatz: Je höher die gewählte Beitragsstufe, umso höher der Beitragssatz und die später zu erwartende Rente.

[137] § 39 des Gesetzes Nr. 1479.

2.3.2.2.2 Invaliditätsrente

Im Falle einer Invalidität gewährt die Bağ-Kur ihren Versicherten ausschließlich eine monatliche Invaliditätsrente.[138] Die Voraussetzungen hierfür sind:[139]

a) Das Vorliegen einer Invalidität,
b) die Erfüllung der Beitragszeiten sowie
c) ein schriftlicher Antrag.

Als Invalide im Sinne des Gesetzes gelten Personen, bei denen „eine Verminderung der Arbeitskraft um mindestens zwei Drittel festgestellt wird."[140] Die Bestimmungen darüber, unter welchen Voraussetzungen im einzelnen die Arbeitskraft eines Versicherten im eben erörterten Sinne gemindert ist, wird in der »Rechtsverordnung über Gesundheitsverfahren in der Sozialversicherung« (»Sosyal Sigorta Sağlık İşlemleri Tüzüğü«) geregelt.[141] Der Anspruch entfällt allerdings, wenn die Minderung der Arbeitskraft auf Tatbestände zurückzuführen sind, die bereits vor Beginn der Versicherungspflicht vorlagen. Im Gegensatz zur SSK geht die Bağ-Kur von einem einheitlichen Invaliditätsbegriff aus. Durch schriftlichen Antrag sowie unter Nachweis einer mindestens fünfjährigen Pflichtbeitragszeit (Wartezeit) können Versicherte ihren Anspruch auf Gewährung einer Invaliditätsrente geltend machen.[142] Rührt die Invalidität hingegen als Folge eines Arbeitsunfalles oder Berufskrankheit hervor, so entfällt die genannte Wartezeit für den Anspruch auf eine Invaliditätsrente.[143] Damit erfüllt die Invaliditätsversicherung der Bağ-Kur zugleich die Funktion einer Arbeitsunfall- und Berufskrankheitsversicherung. Die Höhe der Invaliditätsrente beträgt 70 % des auf der zuletzt eingestuften Beitragsstufe erzielten Monatseinkommens des Versicherten.[144]

2.3.2.2.3 Hinterbliebenenrente

Im Rahmen dieser Versicherungsart werden Rentenleistungen an die Ehefrau bzw. den Ehemann, die Kinder sowie die Eltern des verstorbenen Versicherten gewährt. Die Leistungen beinhalten überdies die Bestattungskosten des Verstor-

---

[138] § 27 des Gesetzes Nr. 1479.
[139] § 29 a-c des Gesetzes Nr. 1479.
[140] § 28 des Gesetzes Nr. 1479.
[141] Rechtsverordnung v. 26.05.1972, Nr. 7/4496, RG v. 22.06.1972, Nr. 14223. In § 10 dieser Verordnung befindet sich eine Liste der anerkannten Krankheiten. Eine Verminderung der Arbeitskraft um zwei Drittel wird dann angenommen, wenn der Versicherte aufgrund einer dieser Krankheiten arbeitsunfähig wird.
[142] § 29 b-c des Gesetzes Nr. 1479.
[143] § 29 des Gesetzes Nr. 1479.
[144] § 30 des Gesetzes Nr. 1479.

benen.[145] Ein Leistungsanspruch entsteht u.a., wenn der Versicherte unmittelbar vor seinem Tod mindestens drei Jahre Pflichtbeiträge entrichtet hat oder aber als tatsächlicher bzw. bereits antragsbewilligter Empfänger einer Invaliden- oder Altersrente verstirbt.[146]

2.3.2.3 Bilanz

Im Verhältnis zu den Leistungen der SSK sind die Leistungen der Bağ-Kur deutlich restriktiver ausgestaltet sowohl was die Anzahl der gedeckten Risiken betrifft als auch im Hinblick auf die leistungsrechtlichen Voraussetzungen. Die mangelnde Leistungsharmonisierung zwischen den einzelnen Sozialversicherungsträgern setzt sich im Falle der Bağ-Kur im Innenverhältnis zu Lasten der selbständig Erwerbstätigen in der Landwirtschaft fort. Ein Krankenversicherungsschutz, der überdies nach einer allgemeinen Wartezeit von acht Monaten einsetzt, existiert für die selbständigen Landwirte erstmals seit 1999.[147] Bei weiterer Betrachtung fällt zusätzlich die fehlende Absicherung der Versicherten gegen die Risiken bei Arbeitsunfällen und Berufskrankheiten auf. Seitens der Versicherten geben die relativ hohen Beiträge, bei gleichzeitig unzureichendem Versicherungsschutz, häufig Anlass zu Kritik.[148] Insgesamt sind es die geschilderten Ursachen, die es erklären, dass Schätzungen zufolge lediglich 5 % aller potentiellen Versicherten durch die Bağ-Kur erfasst werden.[149] Hinzu kommt, dass im türkischen Sozialrecht über die Regelungen zur sog. *schuldengestützten Mitgliedschaft* (»borçlanma uygulaması«) den Versicherten die Abführung ihrer monatlichen Sozialversicherungsbeiträge zu einem späteren Zeitpunkt erlaubt wird, gleichwohl der Versicherungsschutz weiterhin erhalten bleibt.[150] Dies stellt mit eine Ursache für die regelmäßigen Liquiditätsschwierigkeiten der Sozialversicherungsträger dar.[151] Auf die Bağ-Kur übertragen heißt dies, dass von den insgesamt knapp über 2 Millionen Aktiv-Versicherten im gewerblichen Sektor lediglich 111.506 (also nur 5 %), ihre Beiträge fristgerecht abführen und damit keinerlei Beitragsrückstände aufweisen.[152] Im Vergleich dazu haben

---

[145]   § 40 des Gesetzes Nr. 1479.

[146]   § 41 des Gesetzes Nr. 1479.

[147]   Vgl. Hohnerlein (2000), S. 394.

[148]   Vgl. auch Ahi (2001), S. 243.

[149]   So ist z.B. seit längerem bekannt, dass die Mitgliederzahlen der jeweiligen Berufskammern höher liegen als die vergleichbaren Zahlen der Bağ-Kur. Vgl. Sözer (2000), S. 54f.

[150]   Dies ist insbesondere für Wehrpflichtige relevant, da der türkische Pflichtwehrdienst nicht rentenversichert ist.

[151]   Vgl. auch Demirbilek / Sözer (1996), S. 166.

[152]   Vgl. Bakan (1996), 5. Für den nach Gesetz 2926 versicherten Personenkreis der selbständig Erwerbstätigen in der Landwirtschaft, ist dieser Wert noch wesentlich ungünstiger.

520.526 Versicherte überhaupt keine Beiträge entrichtet und bei den übrigen 1,5 Millionen Versicherten sind nur sporadische Beitragseingänge zu verzeichnen (Abbildung 4):

Abb. 4: Die Beitragszahlungsmoral von „Bağ-Kur-Versicherten"

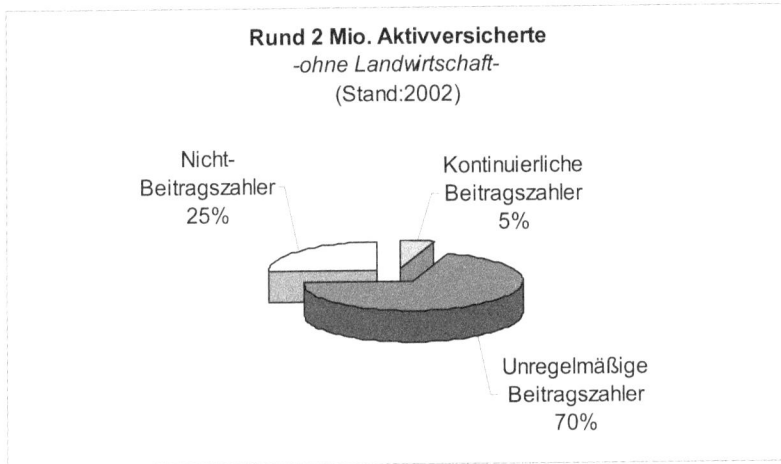

Rund 2 Mio. Aktivversicherte
-ohne Landwirtschaft-
(Stand:2002)

Nicht-
Beitragszahler
25%

Kontinuierliche
Beitragszahler
5%

Unregelmäßige
Beitragszahler
70%

Quelle: Eigene Darstellung.

Wie im Falle der SSK erhält auch die Bağ-Kur keinerlei staatliche Zuschüsse. Um die genannten Defizite mittel- bis langfristig beseitigen zu können, sieht der geplante Bağ-Kur Reformgesetzentwurf der Regierung (neben einer stärkeren Miteinbeziehung der landwirtschaftlichen Versichertenvertretern in den Gremien der Anstalt) auch eine stärkere Service- und Kundenorientierung bei der Aufgabenwahrnehmung vor. Zwecks Optimierung der Leistungs- und Verwaltungsabläufe wird dem weiteren Ausbau des EDV-Systems, nicht zuletzt vor dem Hintergrund einer stärkeren Kontrolle des Leistungsgeschehens, eine besondere Bedeutung beigemessen.

2.4 Die Pensionskasse für Beamte und Angestellte des öffentlichen Dienstes (Emekli Sandığı)

Der dritte wichtige Sozialversicherungsträger des Landes ist die seit 1949 beste-hende Pensionskasse für Beamte und Angestellte des öffentlichen Dienstes (»Emekli sandığı«) mit Sitz in Ankara. Die Pensionskasse wird in der Türkei häufig als Musterbeispiel einer modernen Sozialversicherungsanstalt präsen-tiert.[153] Nach der Fusion zahlreicher, noch zum Teil in der Zeit der Tanzimat-Reformperiode (1839-1871) gegründeter Unterstützungskassen für Soldaten und Offiziere, ging die Pensionskasse schließlich im Jahre 1950 aus dem Zusam-menschluss einer handvoll kleinerer Versorgungskassen, die nach 1923 für di-verse Beamtengruppen gegründet wurden, hervor.[154] Die Pensionskasse wurde auf der Grundlage des Gesetzes Nr. 5434 im Jahre 1949[155] gegründet und unter-steht – im Gegensatz zu den beiden vorherigen Trägern – der Aufsicht des Fi-nanzministeriums.[156]

2.4.1 Der anspruchsberechtigte Personenkreis

Zum versicherten Personenkreis der Pensionskasse gehören türkische Staatsbür-ger, die das 18. Lebensjahr vollendet haben und als Beamte im Sinne des türki-schen Beamtengesetzes gelten.[157] Als Beamte gelten Personen, die in staatlichen oder sonstigen öffentlichen Einrichtungen mit der dauerhaften Ausübung ho-heitlicher Aufgaben beauftragt sind (z.B. Richter, Abgeordnete, Offiziere).[158] Weiterhin umfasst der Versichertenkreis die Angestellten in den staatlichen Fi-nanz- und Wirtschaftsunternehmen (z.B. Banken) und solcher Unternehmen, an denen der Staat als Mehrheitsgesellschafter beteiligt ist. Die Versichertenstruk-tur der Pensionskasse ist in Abbildung 5 dargestellt:

---

[153] Vgl. Bakan (1996), 3.

[154] Vgl. Bakan (1996), 4.

[155] Gesetz Nr. 5434 v. 08.06.1949, RG v. 17.06.1949, Nr. 7235.

[156] Vgl. § 1 des Gesetzes Nr. 5434.

[157] Das türkische Beamtengesetz (Devlet Memurları Kanunu) Nr. 657 vom 14.07.1965 re-gelt u.a. die Dienstvorschriften, Beförderungskriterien, Aus- und Weiterbildungsmaß-nahmen, sowie die Rechte und Pflichten von Staatsbediensteten.

[158] § 4 des Gesetzes Nr. 657, vgl. auch § 12 II des Gesetz Nr. 5434.

Abb. 5: Die Versichertenstruktur der Pensionskasse

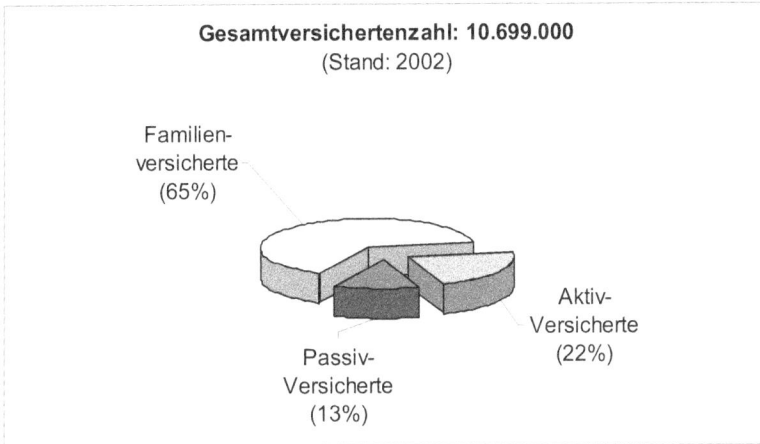

Gesamtversichertenzahl: 10.699.000
(Stand: 2002)

Familien-
versicherte
(65%)

Aktiv-
Versicherte
(22%)

Passiv-
Versicherte
(13%)

Quelle: Eigene Darstellung, DPT (2003), S. 176.

Das Aktiv-Passiv-Verhältnis fällt mit einem Wert von 1,68 ähnlich aus wie bei der SSK.[159] Bei der Berücksichtigung des Gesamtverhältnisses von Beitragszahlern zu Leistungsempfängern weist die Pensionskasse mit einem Wert von 3,51 jedoch ein deutlich günstigeres Resultat auf als die SSK mit 4,55.[160]

2.4.2 Die Leistungen der Pensionskasse im Überblick

Im Folgenden werden die Leistungen der Pensionskasse in den Zweigen der Renten- und Krankenversicherung vorgestellt.

2.4.2.1 Rentenversicherung

Ebenso wie die beiden zuvor dargestellten Sozialversicherungsträger werden auch durch die Pensionskasse die drei klassischen Leistungsarten der Alters-, Invaliditäts- und Hinterbliebenenrente (Witwen- und Waisenrente) gewährt.[161] Im Rahmen der Invaliditätsrente hingegen besteht insofern ein wesentlicher Unterschied, als hier zusätzlich die Kriegsopferentschädigung durch Zahlung einer Kriegsinvaliditätsrente zum wesentlichen Leistungsspektrum dieser Anstalt gehört.

---

[159] Vgl. Kapitel 2.2.2.

[160] Vgl. DPT (2003), S. 176.

[161] Vgl. auch Demirbilek / Sözer (1996), S. 167.

2.4.2.1.1 Altersrente

Staatsbedienstete, die ihren Anspruch auf eine Altersrente (Pension) geltend machen wollten, konnten dies vor dem 08.09.1999, ungeachtet einer Altersgrenze, grundsätzlich nach Erfüllung der geforderten Dienstzeit von 20 Jahren bei Frauen und 25 Jahren bei Männern, schriftlich beantragen. Wie bereits erläutert, gelten in Folge des Inkrafttretens des Reformgesetzes Nr. 4447 veränderte Anspruchsvoraussetzungen für den Bezug einer gesetzlichen Altersrente. Analog gilt dies für Versicherte der Pensionskasse. Demnach haben Männer erst mit Vollendung des 60., und Frauen mit Vollendung des 58. Lebensjahres Anspruch auf die volle Altersrente.[162] Für Versicherte, die zum Stichtag die Voraussetzungen nach „altem" Recht nicht erfüllen, gelten entsprechende Übergangsregelungen.[163] Die Höhe der Altersrente (wie auch der Invaliden- und Hinterbliebenrente) beträgt bei der geforderten Mindestdienstzeit von 25 Jahren 75 % der zuletzt bezogenen Beamtenbezüge[164], wobei bei Über- und Unterschreitung dieser Mindestzeit entsprechende Auf- bzw. Abschläge fällig werden.[165] Bei Renteneintritt erhalten Beamte überdies diverse einmalige Zulagen (z.B. Abschiedsgratifikationen).[166]

2.4.2.1.2 Invaliditätsrente

Im Falle einer dauernden Erwerbsunfähigkeit stehen den Staatsbediensteten Leistungen aus der Invaliditätsversicherung zu. Je nach Ursache der Erwerbsunfähigkeit werden drei Arten von Leistungen unterschieden: Die Regelinvaliditäts-, Dienstunfähigkeits- und Kriegsinvaliditätsrente.

2.4.2.1.2.1 Regelinvaliditätsrente

Staatsbedienstete haben im Falle einer Invalidität Anspruch auf eine Regelinvaliditätsrente (»Adi malüllük aylığı«).[167] Als Invalide gilt, „wer aufgrund einer irreparablen körperlichen Beeinträchtigung außerstande ist, sein bisheriges Dienstverhältnis fortzuführen."[168] Der Grad der Invalidität wird durch ein ärztliches Gutachten festgestellt. Grundsätzlich ist neben dem Bezug einer Regelin-

---

[162] § 39 b des Gesetzes Nr. 5434. Für unterschiedliche Dienstarten sind darüber hinaus jeweils spezifische Altersgrenzen festgelegt.

[163] Interimsparagraph 205 des Gesetzes Nr. 5434.

[164] Als Bemessungsgrundlage wird damit nicht, wie bei den beiden anderen Sozialversicherungsträgern, der durchschnittliche Verdienst der gesamten Arbeitsjahre herangezogen, sondern das zum Ende der Dienstzeit erzielte (i.d.R. höhere) Einkommen.

[165] § 41 b des Gesetzes Nr. 5434.

[166] § 89 des Gesetzes Nr. 5434.

[167] § 13 b des Gesetzes Nr. 5434.

[168] § 44 des Gesetzes Nr. 5434

validitätsrente auch eine Rente wegen Dienstunfähigkeit möglich, es sei denn, der Versicherte führt seine Dienstunfähigkeit selbst maßgeblich herbei.[169]

2.4.2.1.2.2 Dienstunfähigkeitsrente

Um als dienstunfähig eingestuft und somit Anspruch auf eine Rente wegen Dienstunfähigkeit (»Vazife malüllüğü aylığı«) geltend zu machen, muss die Ursache der Invalidität sowohl zeitlich als auch sachlich in engem Zusammenhang zu der dienstlich angeordneten Tätigkeit stehen.[170] Tritt die Invalidität infolge eines Verstoßes gegen die Dienstvorschriften ein (z.b. aufgrund von Alkoholmissbrauch, Missachtung von Gesetzen), entfällt der Anspruch.[171] Der Betroffene kann dann lediglich die niedriger bemessene Regelinvaliditätsrente geltend machen.[172]

2.4.2.1.2.3 Kriegsinvaliditätsrente

Die Bestimmungen über die Entschädigung von Kriegsinvaliden(-opfern) sind ein weiterer Bestandteil des Gesetzes Nr. 5434.[173] Hierbei handelt es sich ausschließlich um Personen, deren Invalidität aufgrund militärischer Sachverhalte eintrat. Neben der Gewährung einer Kriegsinvaliditätsrente umfassen die Leistungen auch die medizinische und therapeutische Behandlung der Betroffenen im In- und Ausland, einschließlich der Kostenübernahme für Prothesen und sonstiger Hilfsmittel, die Unterbringung und Verpflegung in sog. Kriegsopferheimen, wenn die Betroffenen auf fremde Hilfe angewiesen sind und diese nicht unmittelbar aus dem familiären Umfeld bereitgestellt werden kann.[174] Darüber hinaus gewährt der Staat den Kindern von Kriegsopfern finanzielle Unterstützung bei der schulischen und beruflichen Ausbildung. Anders als das bundesdeutsche System der sozialen Sicherung existiert in der Türkei somit kein eigenständiges Teilgebiet der „Versorgung".[175]

---

[169]   § 63 d des Gesetzes Nr. 5434.

[170]   § 45 des Gesetzes Nr. 5434.

[171]   Der Gesetzgeber unterscheidet gemäß § 52 insgesamt 6 Invaliditätsgrade.

[172]   § 48 des Gesetzes Nr. 5434.

[173]   Diese Pflicht des Staates rührt unmittelbar aus Artikel 61 der türkischen Verfassung hervor. Hiernach ist der Staat verpflichtet, für Kriegsopfer und deren Hinterbliebene, die erforderlichen Mittel und Maßnahmen für ein menschenwürdiges Dasein bereitzustellen.

[174]   § 65 des Gesetzes Nr. 5434.

[175]   Unter Versorgung werden einseitige finanzielle staatliche Leistungen ohne besondere Gegenleistungen des Bürgers an Personen verstanden, die dem Staat in besonderer Weise gedient oder die Schäden erlitten haben, für die der Staat einsteht. Vgl. Baltes / Rogowski (1986), S. 321.

2.4.2.1.3 Hinterbliebenenrente

Ein Leistungsanspruch für die Hinterbliebenen entsteht grundsätzlich dann, wenn der Versicherte entweder nach Ablauf einer 10jährigen Pflichtversicherungszeit oder aber als Rentenbezieher verstirbt.[176] Ehegatten, die nach dem Tod des Versicherten nicht wieder geheiratet haben, erhalten – je nach Umständen – eine Hinterbliebenenrente, die zwischen 50 % bis 75 % der Rente des Verstorbenen wegen Invalidität oder Dienstunfähigkeit variiert.[177] Eine Waisenrente wird bis zur Vollendung des 18. Lebensjahres gewährt, wobei entsprechende Schul- und Ausbildungszeiten oder das Vorliegen einer Behinderung eine höhere Bezugsdauer ermöglichen.[178]

2.4.2.2 Krankenversicherung

Leistungen im Krankheitsfall werden lediglich den Rentnern (Passiv-Versicherten) und deren Familienangehörigen gewährt. Das heißt, es werden im Rahmen der Pensionskasse keine Krankenversicherungsbeiträge von den Aktiv-Versicherten erhoben. Der Krankenversicherungsschutz erfolgt hier unmittelbar über die jeweiligen Budgets der öffentlichen Arbeitgeber, die für ihre Angestellten entsprechende Versorgungsverträge abschließen.[179] Der Versicherungsschutz umfasst (Tabelle 3):

Tab. 3: Die Leistungen der Pensionskasse bei Krankheit

* Heilbehandlung (ambulant/stationär)
* Arzneimittelkostenübernahme
* Zahnärztliche Behandlung
* Heil- und Hilfsmittel
* Fahrtkosten

Quelle: Eigene Darstellung.

Das Leistungsrecht der Pensionskasse erwähnt, im Gegensatz zu den beiden anderen Sozialversicherungsträgern, erstmals den Begriff der Bedürftigkeit

---

[176] § 66 des Gesetzes Nr. 5434.

[177] § 68a des Gesetzes Nr. 5434.

[178] § 74 des Gesetzes Nr. 5434.

[179] Vgl. Bakan (1996), S. 6.

(»muhtaçlık«), in dem es z.B. den Anspruch der unverheirateten Töchter auf medizinische Versorgung an den Tatbestand der Bedürftigkeit knüpft.[180]

2.4.2.3 Bilanz

Die Ausführungen zeigen, dass die sozialversicherungsrechtlichen Bestimmungen des Pensionsversicherungsgesetzes Nr. 5434 im Kern die Alters- und Invaliditätsrenten in den Mittelpunkt der Leistungsgewährung stellen. Was die Qualität der Versicherungsleistungen betrifft, so sind diese im Gegensatz zu den beiden vorhergehenden Trägern jedoch deutlich besser ausgestaltet.[181] Die Pensionskasse gewährt als einziger staatlicher Sozialversicherungsträger ihren Versicherten Familienleistungen in Form von Kindergeld. Im Bereich der Gesundheitsversorgung wurde den Pensionsempfängern überdies die Möglichkeit eröffnet, Leistungen im Krankheitsfall auch von privaten Leistungsanbietern zu beanspruchen. Eine separate Berufskrankheitsversicherung existiert für Beamte nicht. Das berufliche Risiko wird bei einem Teil der Versicherten einerseits durch Leistungen bei Dienstinvalidität bzw. –unfähigkeit sowie anderseits im militärischen Bereich durch Leistungen bei Kriegsinvalidität gedeckt.[182]

2.5 Die türkische Arbeitsanstalt („Işkur") als Träger der Arbeitslosenversicherung

Nach Alter und Krankheit stellt die unfreiwillige Arbeitslosigkeit ein weiteres zentrales Grundrisiko dar, dass die Einkommenssicherheit des Bürgers bedrohen kann.[183] Nach jahrzehntelanger Diskussion um die Einführung einer Arbeitslosenversicherung wurde in der Türkei mit Inkrafttreten des Reformgesetzes Nr. 4447[184] die gesetzliche Arbeitslosenversicherung als neuer Zweig der Sozialversicherung geschaffen.[185] Im Folgenden werden nach einem kurzen Rückblick auf die Vorgeschichte der türkischen Arbeitsanstalt, deren Aufgaben erläutert und im Anschluss daran die Leistungen der Arbeitslosenversicherung näher dargestellt.

---

[180]   § 72 des Gesetzes Nr. 5434.

[181]   Vgl. auch Ahi (2001), S. 243.

[182]   Vgl. Kapitel 2.4.2.1.2.3.

[183]   Vgl. Molitor (1987), S. 100.

[184]   Gesetz Nr. 4447 v. 25.08.1999, RG v. 08.09.1999, Nr. 23810.

[185]   Vgl. Hänlein (2001), S. 284.

2.5.1 Historischer Rückblick

Parallel zur Gründung der Arbeiterversicherungsanstalt[186] (»Işçi Sigortalar Kurumu«) im Jahre 1946 wurde im selben Jahr mit dem Inkrafttreten des Gesetzes Nr. 4837[187] die Anstalt für Arbeit und Arbeitervermittlung (»İş ve işçi bulma kurumu«) gegründet. Die Legitimation dieser Anstalt rührte aus den Bestimmungen des damaligen Arbeitsgesetzes[188] hervor, welcher dem Staat die alleinige Verantwortung im Bereich der Arbeitsvermittlung übertrug. Zu den Hauptaufgaben der Anstalt gehörte die Einschätzung der allgemeinen Arbeitsmarktlage, die Betreuung von Arbeitslosen bei der Stellensuche sowie vereinzelt, die Durchführung von beruflichen Aus- und Weiterbildungsmaßnahmen.[189] Ferner übernahm die Anstalt eine Vermittlerrolle bei der Entsendung von Arbeitern ins Ausland. Zwar existierte damit eine staatliche Anlaufstelle für Arbeitslose. Aufgrund der fehlenden finanziellen Unterstützung sowie der geringen Vermittlungschancen blieb die Zahl der als arbeitslos gemeldeten jedoch traditionell auf niedrigem Niveau, was nicht zuletzt auch dadurch bedingt war, dass es für die meisten Menschen in der Türkei als ungewöhnlich empfunden wurde, sich dem „organisierten Procedere" bürokratischer Institutionen zu unterziehen.[190] Im Zuge der Einführung der Arbeitslosenversicherung wurde die seit 1946 bestehende „Anstalt für Arbeit und Arbeitervermittlung" schließlich am 05.07.2003 durch das Gesetz Nr. 4904 zur Errichtung der türkischen Arbeitsanstalt (»İşkur«)[191] abgelöst.

2.5.2 Aufgabe und Zielsetzung der türkischen Arbeitsanstalt

Träger der Arbeitslosenversicherung ist die türkische Arbeitsanstalt, die als juristische Person des öffentlichen Rechts mit Finanz- und Verwaltungsautonomie, dem Ministerium für Arbeit und Soziale Sicherheit unterstellt ist.[192] Betrachtet man die Aufgaben der Arbeitslosenversicherung sowohl in der Sicherung *vor* und *bei* Arbeitslosigkeit, so stehen der türkischen Arbeitsanstalt zur positiven Beeinflussung des Arbeitsmarktes vielfältige Instrumente zur Verfügung.[193] Dazu gehören z.B.:[194]

---

[186] Vgl. Kapitel 2.2.1.

[187] Gesetz Nr. 4837 v. 21.01.1946, RG v. 25.01.1946, Nr. 4215.

[188] §§ 63-71 des Gesetzes Nr. 3008 v. 08.06.1936, RG v. 15.06.1936, Nr. 3330.

[189] § 84 des Gesetzes Nr. 1475.

[190] Vgl. auch Tomanbay (1990), S. 191.

[191] Gesetz Nr. 4904 v. 25.06.2003, RG v. 05.07.2003, Nr. 25159.

[192] § 1 des Gesetzes Nr. 4904.

[193] Vgl. DPT (2003), S. 168.

[194] § 3 des Gesetzes Nr. 4904 v. 25.06.2003.

⇒ Die Mitwirkung an der Entwicklung einer nationalen Beschäftigungspolitik.

⇒ Die Beobachtung der allgemeinen Beschäftigungsentwicklung und Analyse von Arbeitsmarktdaten.

⇒ Die Arbeitsmarkt- und Berufsforschung sowie Förderung der beruflichen Fort- und Weiterbildung zur Vermeidung von Arbeitslosigkeit.

⇒ Die Umsetzung der Arbeitslosenversicherungsvorschriften.

⇒ Die Verfolgung der europäischen Entwicklungen im Bereich der Arbeitsmarkt- und Beschäftigungspolitik.

Die Wahrnehmung dieses Aufgabenspektrums erfolgt im Rahmen der Folgenden fünf Hauptdiensteinheiten der Anstalt (siehe Abbildung 6):[195]

Abb. 6: Die Hauptdiensteinheiten der türkischen Arbeitsanstalt

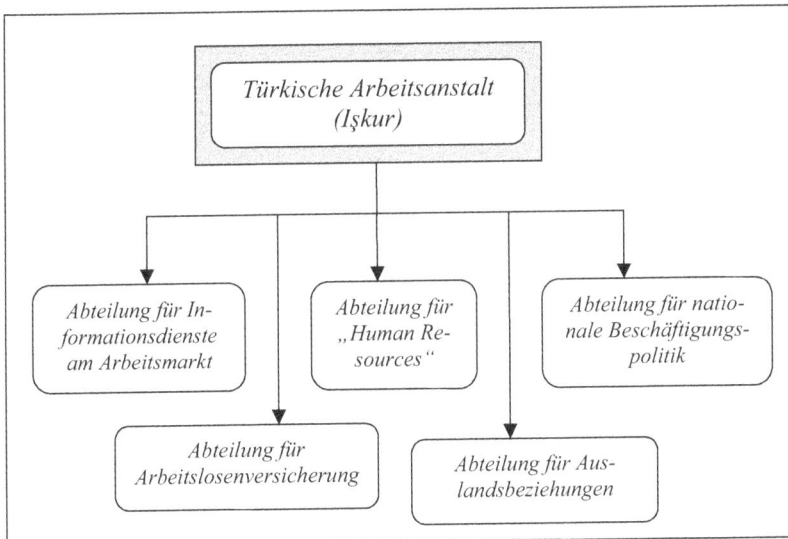

Quelle: Eigene Darstellung

Auffallend ist, dass der Gesetzgeber im Bereich der Arbeitsvermittlung und -beratung auch ausdrücklich private Vermittler zulässt, deren Aufsicht der türki-

---

[195] § 9 des Gesetzes Nr. 4904.

schen Arbeitsanstalt obliegt.[196] Das staatliche Vermittlungsmonopol nach bisherigem Recht[197] wurde somit aufgehoben.[198]

2.5.3 Der anspruchsberechtigte Personenkreis der Arbeitslosenversicherung

Das Arbeitslosenversicherungsgesetz Nr. 4447[199] [»Işsizlik Sigortası Kanunu«] definiert den versicherungspflichtigen Personenkreis mit Bezug auf das Sozialversicherungsgesetz Nr. 506.[200] Pflichtversichert im Rahmen der Arbeitslosenversicherung sind demnach Personen, die aufgrund eines „Arbeitsvertrags von einem oder mehreren Arbeitgebern beschäftigt werden"[201] sowie die Versicherten der Sozialkassen einiger Banken und Versicherungsgesellschaften.[202] Nicht in den Geltungsbereich der Arbeitslosenversicherung fallen damit beispielsweise erwerbstätige Rentner, Selbständige sowie Beamte, für die kein Risiko besteht arbeitslos zu werden.[203] Eine freiwillige Versicherungsmöglichkeit ist, wie auch in Deutschland, nicht vorgesehen.[204]

2.5.4 Die Leistungen der Arbeitslosenversicherung und ihre Voraussetzungen

Nachdem am 01.06.2000 die Vorschriften des Gesetzes Nr. 4447 über die Arbeitslosenversicherung (§§ 46-55) in Kraft getreten sind, galt dieses Datum als Stichtag für die Entrichtung der ersten Arbeitslosenversicherungsbeiträge.[205] Da sich aus den leistungsrechtlichen Vorschriften jedoch ergibt, „dass die Zahlung von Arbeitslosengeld frühestens 600 Tage nach dem Inkrafttreten des Gesetzes [...] in Betracht kommt"[206], können Versicherte, die die Voraussetzungen für den Bezug von Arbeitslosengeld erfüllen, erstmals seit 30.01.2002 ihre Ansprüche auf die im Folgenden näher darzustellenden Leistungen aus der Arbeitslosenversicherung geltend machen. Arbeitnehmer, die bereits vor diesem Stichtag beschäftigt waren sowie alle Arbeitnehmer, die danach ihre Beschäftigung auf-

---

[196] § 17 des Gesetzes Nr. 4904.

[197] §§ 83-87 des Arbeitsgesetzes Nr. 1475 v. 25.08.1971, RG v. 01.09.1971, Nr. 13943. Mit dem Inkrafttreten des neuen Arbeitsgesetzes Nr. 4857 v. 22.05.2003, RG v. 10.06.2003, Nr. 25134 wurde das Gesetz Nr. 1475 aufgehoben.

[198] Vgl. auch Hänlein (2001), S. 286.

[199] Gesetz Nr. 4447 v. 25.08.1999, RG v. 08.09.1999, Nr. 23810.

[200] § 46 des Gesetzes Nr. 4447.

[201] § 2 des Gesetzes Nr. 506.

[202] § 46 des Gesetzes Nr. 4447 i.V.m. § 2 sowie Interimsparagraph 20 des Gesetzes Nr. 506. Vgl. auch Kapitel 2.2.2.

[203] Vgl. Hänlein (2001), S. 285.

[204] § 48 des Gesetzes Nr. 4447.

[205] Vgl. Hänlein (2001), S. 285.

[206] Hänlein (2001), S. 285.

genommen haben, fallen ab diesem Zeitpunkt automatisch unter die Versicherungspflicht. Zu den Leistungen der Arbeitslosenversicherung gehören im einzelnen:[207]

➢ Das Arbeitslosengeld

➢ Die Übernahme der Beiträge zur Kranken- und Mutterschaftsversicherung

➢ Die Arbeitsvermittlung und –beratung sowie

➢ Maßnahmen zur beruflichen Aus- und Weiterbildung

Gemäß § 51 des Gesetz Nr. 4447 hat Anspruch auf Arbeitslosengeld, wer unverschuldet arbeitslos wird, sich binnen 30 Tagen nach bekannt werden seiner Kündigung bei der türkischen Arbeitsanstalt arbeitslos meldet und der Arbeitsvermittlung zur Verfügung steht. Die Anwartschaftszeit ist erfüllt, wenn der Arbeitnehmer in den vergangenen drei Jahren vor der Kündigung mindestens 20 Monate (600 Beitragstage) einer sozialversicherungspflichtigen Beschäftigung nachgegangen ist und in dieser Zeit Beiträge in die Arbeitslosenversicherung entrichtet hat. Davon müssen jedoch die Beiträge für insgesamt 120 Arbeitstage unmittelbar und ununterbrochen vor Beendigung des Arbeitsverhältnisses vorliegen.[208] Bis Mitte 2003 haben sich laut Statistik der türkischen Arbeitsanstalt insgesamt 470.615 Menschen arbeitslos gemeldet.[209] Die Arbeitslosengeldbezugsdauer ergibt sich in Abhängigkeit von der Zahl der Arbeitstage, für die Beiträge gezahlt wurden (Tabelle 4):[210]

Tab. 4: Die Anspruchsdauer für den Bezug des Arbeitslosengeldes

Beitragspflichtige Arbeitstage	Anspruchsdauer (in Tagen)
(mind.) 600 ⟶	180
900 ⟶	240
(max.) 1.080 ⟶	300

Quelle: Eigene Darstellung

---

[207] § 48 a-d des Gesetzes Nr. 4447.
[208] § 50 a des Gesetzes Nr. 4447.
[209] Vgl. DPT (2003), S. 168.
[210] § 50 des Gesetzes Nr. 4447.

Die Höhe des täglichen Arbeitslosengeldes beträgt 50 % des durchschnittlichen Tagesverdienstes des Versicherten in den vergangenen vier Monate, wobei dieser den gesetzlich festgelegten Mindestlohn (»asgari ücret«)[211] nicht überschreiten darf.[212] Für das erste Halbjahr 2004 wurde ein monatlicher Nettomindestlohn in Höhe von 303.079.500 Türkischer Lira (TL) für Arbeitnehmer, die das 16. Lebensjahr vollendet haben, festgelegt.[213] Mit der Orientierung der Höhe des Arbeitslosengeldes am gesetzlichen Mindestlohn als absoluter Obergrenze, dürften sich allerdings „Spannungen mit sozialversicherungsrechtlichen Grundprinzipien, insbesondere dem Äquivalenzprinzip, einstellen, die auch verfassungsrechtliche Implikationen mit sich bringen könnten."[214] Eine Arbeitslosenhilfe – wie in der Bundesrepublik – ist nicht vorgesehen.[215] Bei den Arbeitsvermittlungsbemühungen findet u.a. eine Berücksichtigung der bisherigen Tätigkeit und Qualifikation des Arbeitslosen statt. Für den Fall, dass auf diese Weise keine passende Arbeitsstelle gefunden werden sollte, hat der Gesetzgeber den betroffenen grundsätzlich einen Anspruch auf Teilnahme an entsprechenden Fort- und Weiterbildungsmaßnahmen zugesprochen.[216]

2.5.5 Finanzierung

Die Mittel zur Finanzierung der Arbeitslosenversicherung werden hauptsächlich über das Beitragsaufkommen sowie über staatliche Zuschüsse aufgebracht.[217] Der Arbeitslosenversicherungsbeitrag beträgt 6 % des beitragspflichtigen Bruttoeinkommens[218] [»prime esas brüt aylık kazançı«] des Versicherten, wobei davon je 2 % seitens der Arbeitnehmer und dem Staat zu erbringen sind und der restliche Anteil in Höhe von 3 % auf die Arbeitgeber entfallen.[219] Entgegen der Situation in den bisher dargestellten Sozialversicherungszweigen erfolgt im Rahmen der Arbeitslosenversicherung damit erstmals eine kontinuierliche Be-

---

[211] Gemäß § 39 des Arbeitsgesetzes Nr. 4857 v. 22.05.2003 legt das Ministerium für Arbeit und Soziale Sicherheit über die „Kommission zur Festsetzung des Mindestlohnes", spätestens alle zwei Jahre, einen gesetzlichen Mindestlohn für die abhängig Beschäftigten fest.

[212] § 50 des Gesetzes Nr. 4447.

[213] Unter Zugrundelegung des Wechselkurses vom 27.04.2004 (1 € = 1.678.468 TL) entspricht dies umgerechnet 180,60 €.

[214] Hänlein (2001), S. 287.

[215] Hartz IV sei hierbei nicht berücksichtigt.

[216] § 48 des Gesetzes Nr. 4447.

[217] § 53 A a-e des Gesetzes Nr. 4447.

[218] Das versicherungs- bzw. beitragspflichtige Bruttoeinkommen berücksichtigt, gemäß § 77 des Gesetzes Nr. 506, neben dem eigentlichen Monatsverdienst auch die Prämien und ähnliche Zahlungen. Ausgenommen hiervon sind die Spesen, Familiengelder sowie Geburts-, Todes- und Heiratshilfen.

[219] § 49 des Gesetzes Nr. 4447 i.V.m. §§ 77, 78 des Gesetzes Nr. 506.

teiligung des Staates an den Kosten eines Sozialversicherungszweiges.[220] Die Beiträge der Versicherten werden in den sog. Arbeitslosenversicherungsfonds, welcher von der türkischen Arbeitsanstalt verwaltet wird, eingezahlt.[221]

2.5.6 Kritische Würdigung

Die Arbeitslosigkeit gehört zusammen mit der Inflation zu den größten wirtschaftlichen und sozialen Problemen der Türkei.[222] Laut dem Fortschrittsbericht der EU-Kommission für das Jahr 2002, lag das Wirtschaftswachstum der Türkei deutlich unter dem Bevölkerungswachstum, was einen spürbaren Rückgang des Pro-Kopf-Bruttoinlandsprodukts (BIP) zur Folge hatte.[223] Arbeitsmarktpolitisch führt das hohe Bevölkerungswachstum zu einer errheblichen Zuspitzung der bereits prekären Beschäftigungssituation. Die Erwerbsbeteiligung lag im Jahr 2001 bei 46,8 % und war damit verhältnismäßig niedrig.[224] Nach Angaben des staatlichen Planungsamtes (DPT) lag die offizielle Arbeitslosenrate für 2003 bei 11,2 %.[225] Realistische Schätzungen gehen allerdings von einer weit aus höheren Arbeitslosenrate aus.[226] Nicht zuletzt vor diesem Hintergrund und angesichts der negativen Erfahrungen der westlichen Länder mit der Arbeitslosenversicherung hat sich der türkische Gesetzgeber dem neuen Sozialversicherungszweig mit großer Vorsicht und Zurückhaltung genähert, was sich deutlich an der restriktiven Ausgestaltung des Arbeitslosengeldanspruchs zeigt.[227] Betrachtet man die Argumente der türkischen Arbeitgeberverbände, so hätten im Vorfeld der Einführung der Arbeitslosenversicherung vier Bedingungen erfüllt sein müssen, um den Erfolg eines derartigen Projektes zu ermöglichen:[228] Vollbeschäftigung, eine niedrige Inflationsrate, eine wirksame Bekämpfung der Schwarzarbeit sowie eine funktionsfähige Arbeitsverwaltung. Der Aufbau eines landesweit funktionierenden Verwaltungsapparates mit entsprechenden Service- und Beratungsbüros der türkischen Arbeitsanstalt befindet sich noch im Aufbau und wird noch einige Jahre in Anspruch nehmen.[229] In Anlehnung an Hänlein sollte das Gesetzesprojekt daher als eine Art experimentelle Gesetzgebung begriffen werden, zu deren Weiterentwicklung und Pflege die Akteure in Wirtschaft, Verwaltung, Justiz und Wissenschaft aufgefordert sind.[230]

---

[220] Vgl. Hänlein (2001), S. 286.
[221] § 53 des Gesetzes Nr. 4447.
[222] Vgl. Tomanbay (1990), S. 191, vgl. auch KOM (2003), S. 100.
[223] Vgl. KOM (2002), S. 55.
[224] Vgl. KOM (2002), S. 104.
[225] DPT (2003), S. 165.
[226] Vgl. Tomanbay (1990), S. 191f.
[227] Vgl. Hänlein (2001), S. 285.
[228] Vgl. Hänlein (2001), S. 287.
[229] KOM (2003), S. 100.
[230] Vgl. Hänlein (2001), 285f.

2.6 Gesamtbilanz

Im Gegensatz zur gesetzlichen Rentenversicherung in Deutschland, welche in verschiedenen Etappen 1972 für alle Sozialgruppen geöffnet wurde[231], entwickelten sich unter dem Dach der drei staatlichen Sozialversicherungsträger der Türkei, jeweils eigenständige und voneinander unabhängige Renten- und Krankenversicherungssysteme. Für die überwiegende Mehrheit der türkischen Bevölkerung spielen die drei erstgenannten Institutionen - angefangen von der medizinischen Versorgung bis hin als Träger der Unfall- und Rentenversicherung - eine bedeutende Rolle. Laut Angaben der staatlichen Planungsbehörde (DPT) waren im Jahre 2002 rund 88,1 % der türkischen Gesamtbevölkerung durch das Sozialversicherungssystem erfasst.[232] Abbildung 7 zeigt die prozentuale Verteilung des Gesamtversichertenkollektivs auf die drei staatlichen Institutionen:

Abb. 7: Die Anteile der Sozialversicherungsträger am Gesamtversichertenkollektiv

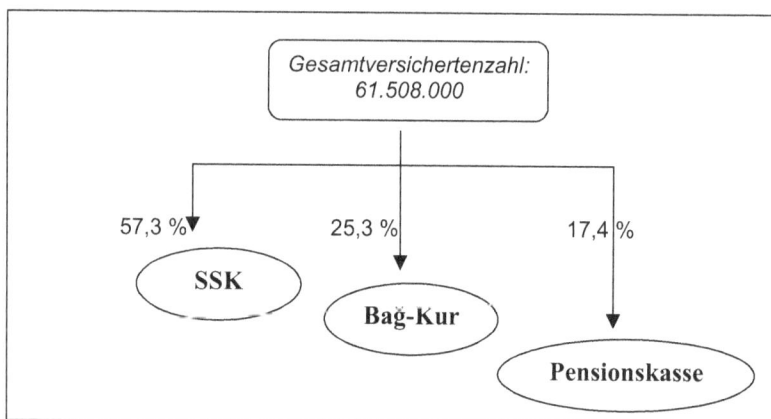

Quelle: Eigene Darstellung, DPT (2003), S. 176.

Wie aus der Abbildung ersichtlich, steht der überwiegende Teil der türkischen Bevölkerung in mehr oder weniger engem Kontakt zu einem der drei Sozialversicherungsträger, die damit die zentralen Eckpfeiler im sozialen Sicherungssystem der Türkei repräsentieren. Allerdings sehen sich die staatlichen Sozialversicherungsträger bei ihrer gesetzlichen Aufgabe, den Versicherten die erforderlichen Leistungen in ausreichendem Maße und Umfang bereitzustellen, mit einer

---

[231] Vgl. Schäfers (1995), S. 218.

[232] Vgl. DPT (2003), S. 173.

Reihe von Problemen konfrontiert. Auf diese Probleme wird im Folgenden Kapitel eingegangen.

3 Defizite und Reformmaßnahmen im türkischen Sozialversicherungssystem

Nachdem im vorangegangenen Kapitel ein allgemeiner Einblick in den Aufbau und die Struktur des türkischen Sozialversicherungssystems vermittelt wurde, steht im Mittelpunkt des nachfolgenden Kapitels die Betrachtung und Analyse der Defizite sowie einiger aktueller Reformansätze zu deren Lösung.

3.1 Interne Herausforderungen und Besonderheiten

Die Defizite im türkischen Sozialversicherungssystem sind vielfältig.[233] Zu den dringlichsten Problemen zählen vor allem die mangelnde Autonomie der Sozialversicherungsträger, die weitverbreitete Schattenwirtschaft, die Finanzierung ergänzender Sozialleistungen über die beitragsbezogene Sozialversicherung, die Politik der Frühverrentung sowie die unzureichende medizinische Versorgung der Bevölkerung.[234]

3.1.1 Mangelnde Autonomie der Sozialversicherungsträger

Ein zentrales Problem in der Türkei stellt die mangelnde Autonomie der Sozialversicherungsträger dar.[235] Obgleich den Trägern das Recht auf Selbstverwaltung in Verwaltungs- und Finanzierungsfragen zuerkannt wird, stieg in den vergangenen Jahren die Zahl der Regierungsvertreter in den Entscheidungsgremien der Sozialversicherungsträger deutlich an.[236] Im Ergebnis führte diese Entwicklung dazu, dass die finanziellen Ressourcen der Sozialversicherungsträger häufig für politische Zwecke missbraucht wurden.[237] Die in regelmäßigen Abständen erlassenen Beitragsamnestien (meist vor Parlamentswahlen) können als exemplarisches Beispiel einer kontraproduktiven Sozialversicherungspolitik betrachtet werden, die in der Vergangenheit zu erheblichen Einnahmeverlusten bei den Sozialleistungsträgern geführt haben.[238] Sowohl aus Sicht der Versicherten, wie auch der Arbeitgeber besteht seit längerem einhelliger Konsens darüber, dass die eigentlichen Probleme des türkischen Sozialversicherungssys-

---

[233] Vgl. Hohnerlein (2000), S. 394, vgl. auch Ahi (2001), S. 247.

[234] Vgl. auch Tomanbay (1990), S. 193f., vgl. auch KOM (2003), S. 100.

[235] Vgl. Demirbilek / Sözer (1996), S. 176.

[236] Vgl. Demirbilek / Sözer (1996), S. 176.

[237] Vgl. Danışoğlu (2002), S. 219, vgl. Demirbilek / Sözer (1996), S. 176.

[238] Vgl. Demirbilek / Sözer (1996), S. 170f.

tems in deren Offenheit bzw. Machtlosigkeit gegenüber den Eingriffen aus der Politik, der fehlenden Entscheidungs- und Handlungsautonomie sowie in der übermäßigen Bürokratie begründet sind. Folglich treffen die theoretischen Annahmen der sozialpolitischen Parafisiki, derzufolge die Sozialversicherungsträger als selbständige Körperschaften des öffentlichen Rechts eigenverantwortlich öffentliche Aufgaben erfüllen, für die Sozialversicherungsträger der Türkei nur bedingt zu.[239] Einer Erhöhung der Autonomie durch Verlagerung von Entscheidungskompetenz und Ressourcenzuständigkeiten auf die einzelnen Akteure kommt in Zukunft daher eine besondere Bedeutung zu.

3.1.2 Schattenwirtschaft

Unter Schattenwirtschaft i.w.S. sollen „alle privatwirtschaftlichen Aktivitäten subsumiert werden, die nicht in die Berechnung des BSP [Bruttosozialproduktes] eingehen, obwohl sie zur gesamtwirtschaftlichen Wertschöpfung beitragen."[240] Der Tatbestand einer versicherungspflichtigen Beschäftigung ist jedoch unabdingbare Voraussetzung für das Funktionieren einer beitragsfinanzierten Form der sozialen Sicherung. Daran lässt sich bereits die Problematik der Schattenwirtschaft erkennen, die als Folge einer „Abwahl geltender Normen für wirtschaftliche Tätigkeit"[241] für das Sozialversicherungssystem in Form eines Beitragsentgangs drohen kann.[242] Zwar ist nach dem Willen des Gesetzgebers jeder Arbeitgeber dazu verpflichtet, seine Mitarbeiter beim zuständigen Sozialversicherungsträger anzumelden.[243] In der Praxis jedoch lassen sich zahlreiche Handlungen beobachten, die für das geringe Beitragsaufkommen verantwortlich gemacht werden können. In Tabelle 5 werden einige dieser Gründe vorgestellt:[244]

---

[239] Vgl. 2.1.

[240] Schneider / Enste (2000), S. 7.

[241] SVR (1980), S. 145.

[242] Vgl. auch Danışoğlu (2002), S. 223.

[243] So beispielsweise im Rahmen der SSK nach § 6 des Gesetzes Nr. 506.

[244] Vgl. Demirbilek / Sözer (1996), S. 171.

Tab. 5:   Gründe für das geringe Beitragsaufkommen

- Vollständige Unterlassung der Anmeldung (Schwarzarbeit)

- Fehlerhafte Übermittlung der beitragspflichtigen Arbeitstage sowie

- Angabe eines geringeren Einkommens als Beitragsbemessungsgrundlage.

Forderung u.a.:   *Implementierung effizienter Kontroll- und Anreizmechanismen auf Seiten der Sozialversicherungsträger*

Quelle: Eigene Darstellung.

Die Gründe für die weit verbreitete Schwarzarbeit in der Türkei[245] werden hauptsächlich in der erhöhten Steuer- und Abgabenbelastung gesehen.[246] Die Diskussion um die Höhe der Lohnnebenkosten (und die damit vermeintlich verbundene Beeinträchtigung der Wettbewerbsfähigkeit) stellt ein ebenso innerhalb der türkischen Arbeitgeberschaft häufig vorgebrachtes Argument gegen den insbesondere seitens der türkischen Gewerkschaften geforderten Ausbau eines solidarisch finanzierten Sozialversicherungssystems dar. Neben dem Misstrauen gegenüber dem staatlichen Sozialversicherungssystem (und einem teilweise fehlenden Bewusstsein für die Notwendigkeit zur sozialen Absicherung in der [ländlichen] Bevölkerung) spielen schlichtweg finanzielle Einbußen – insbesondere in den unteren Einkommensgruppen – eine entscheidende Rolle bei der Expansion der Schwarzarbeit. Nicht zuletzt erschwert auch die mangelnde edv-technische Ausstattung zwischen den beteiligten Akteure eine reibungslose Zusammenarbeit. Offizielle Angaben über den Umfang der Schwarzarbeit (Schattenwirtschaft) liegen, soweit bekannt, nicht vor. Jedoch wird vermutet, dass die Schattenwirtschaft ca. 25–40 % der türkischen Wirtschaftsleistung ausmacht.[247] Für die insbesondere im Agrarsektor weitverbreitete Schwarzarbeit spricht die Tatsache, dass obwohl es seit 1983 eine freiwillige Versicherungsmöglichkeit für Beschäftigte in der Landwirtschaft gibt, die Zahl der Versicherten aus diesem Sektor, trotz des hohen Erwerbsanteils, verhältnismäßig gering ausfällt.[248]

---

[245] Vgl. KOM (2003), S. 51f.

[246] Zum ökonomischen Wechselspiel zwischen Steuerbelastung und Schattenwirtschaft siehe auch Schneider / Enste (2000), S. 119.

[247] Vgl. Seyyar (2000), S. 12.

[248] Vgl. Kapitel 2.2.2.

3.1.3 Implementierung versicherungsfremder Leistungen

Bei näherer Betrachtung der Leistungen der Sozialversicherung fallen insbesondere die zahlreichen versicherungsfremden Umverteilungselemente ins Auge. So wurden gegen Ende der 70er Jahre etwa zahlreiche Leistungselemente – wie z.b. das Heizgeld (»yakacak yardımı«) oder die Sozialhilfszulage (»sosyal yardım zammı«) – eingeführt, die nicht mehr an das beitragsbezogene Versicherungsprinzip gebunden waren.[249] Während in anderen Ländern derartige Leistungen meist als ergänzende Sozialleistungen über das Steueraufkommen finanziert werden, entwickelten sich diese in der Türkei mit der Zeit zu einem festen Leistungsbestandteil innerhalb des Sozialversicherungssystems mit der Folge einer zusätzlichen Belastung der Sozialversicherungsbeiträge.[250] Damit wurde eine für südeuropäische Sozialsysteme (z.B. Griechenland, Italien) häufig typische Entwicklung vollzogen, nämlich Lücken im sozialen Netz über „Fürsorgeelemente" zu kompensieren.[251]

3.1.4 Die Politik der Frühverrentung

Das Renteneintrittsalter ist seit jeher ein häufig thematisiertes Problemfeld in der Türkei.[252] Die 90er Jahre haben im türkischen Sozialversicherungssystem in finanzieller Hinsicht eine negative Trendwende eingeleitet. Dies insofern, als zu Beginn dieser Dekade alle drei Sozialversicherungsträger, erstmals seit ihrer Gründung, Budgetüberschreitungen zu verzeichnen hatten. Seitdem nehmen die staatlichen Transferzahlungen an die Sozialversicherungsträger kontinuierlich zu.[253] Die Gründe hierfür liegen zu einem beträchtlichen Teil jedoch in der türkischen Sozialpolitik, die in der Vergangenheit – ungeachtet der negativen ökonomischen Folgen auf die finanzielle Stabilität der Sozialkassen – aus populistischen Motiven heraus eine Politik der Frühverrentung praktizierte.[254] Beschäftigungspolitisch wurde die Frühverrentungsregelung als Instrument zur Schaffung neuer Arbeitsplätze für die jüngere Generation gesehen.[255] Das Ergebnis war jedoch die Störung des Aktiv-Passiv-Gleichgewichts zu Lasten der aktiven Beitragszahler. Immer weniger Erwerbstätige müssen für immer mehr

---

[249] Vgl. auch Danışoğlu (2002), S. 222.

[250] Vgl. Ahi (2001), S. 247.

[251] Vgl. auch Gohr (2001), S. 148.

[252] Vgl. auch Danışoğlu (2002), S. 221. Vgl. Dilik (1979), S. 112, vgl. Hänlein (1996), S. 188.

[253] Vgl. 2.2.3.2.3.

[254] Vgl. Danışoğlu (2002), S. 221, vgl. auch Dilik (1979), S. 113. Mit Schlagworten wie etwa der „Superrente" (Süper Emeklilik) wurde die Frühverrentung staatlich gefördert. Vgl. Demirbilek / Sözer (1996), S. 167.

[255] Vgl. Demirbilek / Sözer (1996), S. 168.

aus dem Erwerbsleben ausgeschiedene aufkommen.[256] Mehrmalige Versuche einer dauerhaften Einführung einer Altersgrenze blieben bislang jedoch aufgrund massiver öffentlicher Proteste – insbesondere seitens der Gewerkschaften – erfolglos.[257] Die Kehrseite der Frühverrentungspraxis stellt heute die weitverbreitete Beschäftigung von Rentnern dar, die ohne nennenswerte Rentenkürzungen in Kauf nehmen zu müssen, weiterhin einer versicherungspflichtigen Beschäftigung nachgehen.[258]

3.1.5 Unzureichende medizinische Versorgung

Die Funktion des Gesundheitswesens als Bestandteil der sozialen Sicherung, ist es, dem Bürger – unabhängig von Einkommen oder sozialem Status – die *medizinisch notwendige Kernversorgung* zu ermöglichen.[259] In der Türkei wird die hierzu erforderliche medizinische Infrastruktur seit je her durch die Eigeneinrichtungen der SSK und des Gesunheitsministeriums bereitgestellt, die damit das Fundament im öffentlichen Gesundheitswesen der Türkei bilden.[260] Betrachtet man allerdings den gegenwärtigen Zustand des Gesundheitswesens, so ist das Bild u.a. geprägt durch:[261]

⇒ Eine unzureichende medizinische (Primär-)Versorgung;

⇒ Ein lückenhaft ausgebautes Versorgungssystem (West-Ost-Gefälle);

⇒ „Chronische" Finanzknappheit;

⇒ Mangelnde Koordination und Kooperation zwischen den Versorgungseinrichtungen und

⇒ Korruption.

Beim Vergleich der Indikatoren „wie Säuglingssterblichkeit, Müttersterblichkeit und Lebenserwartung ist der Zustand in der Türkei [zudem] erheblich schlechter als in den EU-Mitgliedstaaten."[262] Die Gründe dafür liegen nicht zuletzt an den

---

[256] Vgl. auch Danışoğlu (2002), S. 221.

[257] Vgl. Demirbilek / Sözer (1996), S. 168.

[258] Vgl. Hänlein (1996), S. 189.

[259] Vgl. Böcken / Butzlaff / Esche (2000), S. 16.

[260] Bis vor kurzem noch war es für SSK-Versicherte nicht möglich, zur stationären Aufnahme die »staatlichen Krankenhäuser« (Devlet Hastaneleri) des Gesundheitsministeriums aufzusuchen. Umgekehrt wurden in den »SSK-Krankenhäusern« (»SSK-Hastaneleri«) fast ausschließlich Versicherte der SSK behandelt (Notfälle ausgenommen).

[261] Vgl. auch Demirbilek / Sözer (1996), S. 166f.

[262] KOM (2002), S. 107, vgl. auch Kienholz (2003), S. 4.

niedrigen Ausgaben für Gesundheit. So standen dem Gesundheitsministerium im Jahr 2003 nur ein geringer Anteil von 2,42 % am Gesamthaushalt zur Verfügung.[263] Ein weiterer Kritikpunkt betrifft die regionalen Disparitäten hinsichtlich der Verteilung (und damit die Erreichbarkeit) von Gesundheitseinrichtungen. Während die Standards in den meisten Kliniken der Metropolstädte (z.B. Istanbul, Ankara, Izmir) durchaus mit westeuropäischen vergleichbar sind, existieren zwischen dem Westen und dem Osten des Landes enorme Unterschiede, was die ausreichende flächendeckende medizinische Versorgung der Bevölkerung betrifft.[264] Große Unzufriedenheit herrscht landesweit insbesondere wegen den langen Wartezeiten auf eine stationäre Behandlung aber auch wegen der mangelnden Qualität der erbrachten Leistungen.[265] Während Besserverdienende i.d.R. auf das medizinische Angebot der zahlreichen privaten Klinikbetreiber zurückgreifen, ist der einkommensschwache Teil der Bevölkerung auf die Behandlung in den staatlichen Krankenhäusern (mit in der Regel schlecht bezahltem und oft überlasteten Personal) angewiesen.[266] In einer Studie zweier türkischer Universitäten wurde zudem festgestellt, dass Korruption in öffentlichen Krankenhäusern überdurchschnittlich häufiger vorkommt als beispielsweise in Gerichten.[267] Die unzureichende Versorgungssituation im öffentlichen Gesundheitswesen verbunden mit dem zunehmenden Trend zur Privatisierung führen dazu, dass der Zugang zum medizinischen Versorgungssystem immer mehr durch den sozialen Status der Menschen bestimmt wird.[268] Das türkische Gesundheitswesen wird wegen seiner bürokratischen, ineffizienten und vor allem regionalen Ungleichheiten (West-Ost-Gefälle) in der medizinischen Versorgung für dringend reformbedürftig gehalten.[269] Aufgrund eines nur rudimentär entwickelten Sozialhilfesystems in der Türkei besitzt ein erheblicher Teil der Bevölkerung keinen oder nur einen unzureichenden Krankenversicherungsschutz.[270] Für eine bedeutsame Anzahl von Menschen besitzt die Familie daher eine nach wie vor wichtige Fürsorgefunktion.[271]

---

[263] Vgl. KOM (2003), S. 98.
[264] Vgl. auch Demirbilek / Sözer (1996), S. 177.
[265] Vgl. Kienholz (2003), S. 1.
[266] Vgl. Kienholz (2003), S. 2.
[267] Vgl. Kienholz (2003), S. 10. Zur Korruptionsproblematik siehe auch KOM (2002), S. 24.
[268] Vgl. Kienholz (2003), S. 1, vgl. auch Höhfeld (1995), S. 77.
[269] Vgl. Özer (1998), S. 169.
[270] Vgl. auch Danışoğlu (2002), S. 220.
[271] Vgl. Ahi (2001), S. 247.

3.2 Ausgewählte Reformen im Bereich des Sozialversicherungssystems

Das Sozialversicherungssystem der Türkei geriet Anfang der 90er-Jahre zunehmend in eine ernsthafte Finanzkrise.[272] Nach einem Jahrzehnt intensiver Diskussionen und Kontroversen gelang es schließlich gegen Ende der 90er Jahre mit großer Parlamentsmehrheit und breiter Bevölkerungsunterstützung erste grundlegende Reformschritte einzuleiten.[273] Mit dem Anspruch auf eine grundlegende Strukturreform, existieren – über die bereits erörterten Maßnahmen des Gesetzes Nr. 4447 hinaus – weitere Reformziele, welche im sog. »dringenden Aktionsplan« [»Acil Eylem Plani«] der gegenwärtigen Regierung festgehalten sind. Die für den Bereich der sozialen Sicherung relevanten Eckpunkte dieses zentralen Reformpaketes betreffen u.a.:[274]

⇒ Die Integration der verschiedenen Sozialversicherungsträger unter einem Dach;

⇒ Die Angleichung der Leistungsunterschiede zwischen den Sozialversicherungsträgern;

⇒ Die Aufhebung versicherungsfremder Leistungen in der Sozialversicherung;

⇒ Die Ausweitung des sozialen Sicherungsnetzes auf einen größeren Bevölkerungskreis und

⇒ die Einführung der allgemeinen Krankenversicherung.

Aus den oben genannten Reformmassnahmen sollen im Folgenden zwei näher erläutert werden: Das Projekt zur Integration der verschiedenen Sozialversicherungsträger unter einem Dach sowie die Einführung der allgemeinen Krankenversicherung zur Gewährleistung einer qualitätsgesicherten, flächendeckenden medizinischen Basisversorgung. Zusätzlich zur Darstellung dieser Maßnahmen wird ebenfalls auf das neueingeführte System der privaten Altersversorgung als ergänzende Säule im türkischen Rentenversicherungssystem eingegangen.

---

[272] Vgl. Bakan (1996), S. 3.

[273] Vgl. Hohnerlein (2000), S. 394, vgl. auch Hänlein (2001), S. 284f.

[274] Vgl. AEP (2003), S. 88ff., vgl. auch www.calisma.gov.tr.

3.2.1 Integration der Sozialversicherungsträger unter einem Dach

Dem fremden Beobachter dürfte der hohe Fragmentierungsgrad im türkischen Sozialversicherungssystem, mit einer starken ministerialen Steuerungs- und Einflussvielfalt, als augenfälliges Charakteristikum erscheinen.[275] Die negativen Folgen die sich daraus ergeben, sind u.a. zeit- und kostenintensive Abstimmungs- und Koordinierungsprozesse zwischen den beteiligten Akteuren bei gleichzeitig mangelnder Effizienz. Um die Koordination, Effizienz und Transparenz im sozialen Sicherungssystem zu verbessern und die staatlichen Sozialversicherungsträger langfristig unter einem Dach zu vereinen, wurde mit der Verabschiedung des Gesetzes Nr. 4947 im Jahre 2003[276] ein grundlegender Reformprozess in Gang gesetzt. Zur Verwirklichung dieses Zieles sieht das Gesetz die Errichtung einer »Anstalt für soziale Sicherheit« (»Sosyal Güvenlik Kurumu«) vor, dessen Hauptaufgabe neben der bereits erwähnten Koordinierung auch im Aufbau einer gemeinsamen Datenbasis für die Sozialversicherungträger des Landes liegen soll.[277] Das Reformmodell ist in Abbildung 8 dargestellt:[278]

---

[275] Auf staatlicher Seite seien genannt das Finanzministerium (Maliye Bakanlığı), die staatliche Planungsbehörde (Devlet Planlama Teşkilatı), das Schatzamt (Hazine Müsteşarlığı) sowie das Ministerium für Arbeit und Soziale Sicherheit (Çalışma ve Sosyal Güvenlik Bakanlığı). Während z.B. das Finanzministerium für die Erstellung der jährlichen Haushaltspläne zuständig ist, besteht die Hauptaufgabe der staatlichen Planungsbehörde (DPT) in der Vorbereitung von staatlichen Entwicklungsplänen in allen Politikbereichen. Die sozialpolitischen Teile dieser sog. „Fünfjahrespläne" geben dabei die Richtschnur für Reformen in den sozialen Sicherungssystemen vor. Vgl. Schirrmacher (1983), S. 166f.
[276] Gesetz Nr. 4947 v. 16.07.2003, RG v. 24.07.2003, Nr. 25178.
[277] § 1 des Gesetzes Nr. 4947.
[278] § 3 des Gesetzes Nr. 4947, vgl. auch AEP (2003), S. 102f.

Abb. 8: Reformmodell zur Neustrukturierung im Bereich der sozialen Sicherung

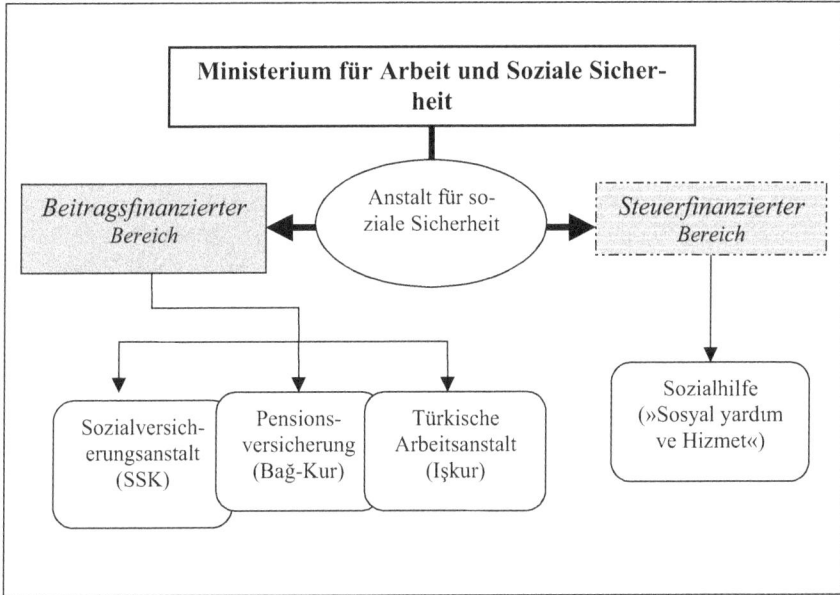

```
┌─────────────────────────────────────────────────────────────────┐
│              Ministerium für Arbeit und Soziale Sicher-            │
│                              heit                                  │
│                                                                   │
│   Beitragsfinanzierter      Anstalt für so-     Steuerfinanzierter│
│        Bereich              ziale Sicherheit          Bereich      │
│                                                                   │
│                                                    Sozialhilfe     │
│  Sozialversich-   Pensions-      Türkische      (»Sosyal yardım    │
│  erungsanstalt    versicherung   Arbeitsanstalt  ve Hizmet«)       │
│     (SSK)         (Bağ-Kur)      (Işkur)                           │
└─────────────────────────────────────────────────────────────────┘
```

Quelle: Eigene Darstellung.

Bedingt durch die Autarkie der Sozialleistungsträger haben die zahlreichen Änderungen in den Rechtsvorschriften der SSK, der Bağ-Kur sowie der neugegründeten türkischen Arbeitsanstalt zu einer zunehmenden Unübersichtlichkeit der gesetzlichen Regelungen im Bereich der sozialen Sicherung geführt.[279] Eng verknüpft mit der Notwendigkeit einer stärkeren Leistungsharmonisierung zwischen den Sozialversicherungsträgern ist die Forderung nach einem allgemeinverbindlichen Sozialgesetzbuch. Die Dringlichkeit einer derartigen Maßnahme zeigt sich darin, dass es Versicherten mit minimalen Mehraufwendungen möglich ist, Leistungsansprüche gegenüber mehreren Trägern gleichzeitig geltend zu machen.[280] Unter sozialen Gerechtigkeitsaspekten wird dies häufig mit Verweis auf die mangelnde soziale Absicherung großer Teile der Bevölkerung in der Türkei als nicht hinnehmbar kritisiert.[281]

---

[279] Vgl. Demirbilek / Sözer (1996), S. 167, vgl. auch Hohnerlein (2000), S. 394, vgl. auch DPT (2003), S. 102, vgl. auch Ahi (2001), S. 239.

[280] Vgl. Saraç (2001), S. 29.

[281] Vgl. Saraç (2001), S. 29f.

3.2.2 Einführung der allgemeinen Krankenversicherung

Nach offiziellen Angaben waren im Jahre 2002 knapp 83 % der türkischen Bevölkerung in der gesetzlichen Krankenversicherung versichert.[282] Bislang existiert keine allgemeine Krankenversicherungspflicht in der Türkei, so dass Schätzungen zufolge ca. 10 bis 15 Millionen Menschen über keinerlei Absicherung im Krankheitsfalle verfügen.[283] Gemäß Artikel 56 der türkischen Verfassung hat der Staat für die ausreichende medizinische Versorgung seiner Bürger zu sorgen. Zur Wahrnehmung dieser verfassungsmäßigen Aufgabe kann der Staat sowohl auf öffentliche als auch private Leistungsanbieter zurückgreifen oder aber die Bereitstellung medizinischer Leistungen – im Rahmen der allgemeinen Krankenversicherung (»Genel Sağlık Sigortası«) – selbst bereitstellen (Art. 56). Aufgrund der mangelnden medizinischen Versorgung und des extremen West-Ost-Gefälles in Bezug auf die Verteilung von Gesundheitseinrichtungen im Land, wurden die Bemühungen um die Einführung einer allgemeinen Krankenversicherung an die Spitze der umzusetzenden Reformmaßnahmen gestellt und gehört seither zu den ehrgeizigsten Projekten der gegenwärtigen Regierung im Bereich des Gesundheitswesens. Zu den Zielen der allgemeinen Krankenversicherung gehört:

⇒ Die flächendeckende medizinische Versorgung,

⇒ der verbesserter Zugang zum medizinischen Versorgungssystem,

⇒ die Verabschiedung eines medizinischen Grundleistungskatalogs zur Basisversorgung,

⇒ eine stärkere Wettbewerbsorientierung zwischen den Leistungserbringern sowie

⇒ die Förderung von Präventionsmaßnahmen

3.2.3 Die private Altersversorgung als zweite Säule im staatlichen Rentenversicherungssystem

Als Teil einer umfassenden Strukturreform im türkischen Sozialversicherungssystem, traten am 07.10.2001 die Regelungen zur privaten Altersversorgung offiziell in Kraft.[284] „Obwohl die Diskussionen über die Einführung einer privaten Altersvorsorge weit zurückreichen, wurde erst im August 1999 eine Kommission unter der Aufsicht des Ministeriums für Arbeit und Soziale Sicherheit [...]

---

[282] DPT (2003), S. 173.

[283] Vgl. Seyyar (2000), S. 11.

[284] Vgl. Hekimler (2003), S. 534, vgl. auch KOM (2001), S. 74.

gebildet, dessen Aufgabe die Erarbeitung eines Gesetzentwurfes war."[285] Mit dieser Entscheidung wurde eine Strukturreform in Gang gesetzt, welche die bisherige Altersversorgung um ein Zwei-Säulen-System erweitern soll.[286] Während die erste Säule weiterhin aus einer staatlichen Rente bestehen bleibt, wird sie durch eine freiwillige Zusatzversicherung auf privater Basis im Rahmen der zweiten Säule, die nach dem Kapitaldeckungsverfahren arbeitet, ergänzt. Träger dieser zweiten Säule sind private Versicherungsunternehmen, die miteinander konkurrierende Pensionsfonds aufbauen.[287] Diese müssen jedoch vom Staat zugelassen werden und sind einer staatlichen Kontrolle unterworfen.[288] Mit Beginn zum 27.10.2003 erhielten zunächst sechs private Versicherungsunternehmen ihre staatliche Zulassung.[289] Seither besteht für die Menschen in der Türkei die Möglichkeit, sich zusätzlich zur staatlichen Altersrente, durch eine freiwillige private Altersversorgung abzusichern. Die Leistungen aus der privaten Altersversorgung können nach einer zehnjährigen Beitragsmitgliedschaft unter der Voraussetzung, dass der Versicherte sein 56. Lebensjahr vollendet hat, in Anspruch genommen werden.[290]

3.3 Kritische Würdigung

Beim Auf- bzw. Umbau des Sozialversicherungssystems sind durchaus Fortschritte erzielt worden. So konnte, statistisch gesehen, mit einer Erhöhung des Sozialversichertenanteils im Zeitraum von 1995 bis 2002 von 41,668 Millionen Menschen (68,3 %) auf 61,508 Millionen Menschen (88,1 %) ein beachtliches Resultat erzielt werden. Gleichwohl aber bewerten Kritiker die genannten Reformmaßnahmen eher im Sinne einer „Notoperation", die vielmehr an den Symptomen ansetzt als die eigentlichen Problemfelder des Systems nachhaltig zu verbessern.[291] Wie bereits vielfach dargestellt, führen die erheblichen Leistungsunterschiede zwischen den jeweiligen Trägern zu einer Ungleichbehandlung in Bezug auf die soziale Absicherung der verschiedenen Berufsgruppen.[292]

Ein weiterer Kritikpunkt betrifft die mangelnde finanzielle Beteiligung des Staates an den Ausgaben der Sozialversicherungsträger. Obwohl sich die türki-

---

[285] Hekimler (2003), S. 533.

[286] Vgl. Arıcı (2001), S. 98f.

[287] Vgl. auch Hekimler (2003), S. 534.

[288] Eine ausführliche Darstellung der Zulassungsvoraussetzungen findet sich bei Hekimler (2003), S. 534f.

[289] Vgl. HazM (2003), S. 1. Die Namen dieser Gesellschaften können unter *www.bireyselemeklilik.gov.tr/sirketler.htm* abgerufen werden.

[290] Vgl. Hekimler (2003), S. 536.

[291] Vgl. Danışoğlu (2002), S. 221.

[292] Vgl. auch Demirbilek / Sözer (1996), S. 178.

sche Staat seit 1961 zum Sozialstaatspostulat bekennt[293], wurde bislang keine nennenswerte finanzielle Unterstützung geleistet.[294] So wird z.B. mit der Einführung der allgemeinen Krankenversicherung ein ehrgeiziges Projekt verfolgt ohne jedoch hierfür die finanziellen Mittel zu erhöhen.[295] Vielmehr erfolgt eine finanzielle Beteiligung des Staates bislang nur indirekt in Form von Steuerbefreiungen und schließlich dort, wo dieser als Arbeitgeber öffentlich Bediensteter auftritt.[296] Ein anderer Aspekt, der für ein adäquates Verständnis der gegenwärtigen Probleme im türkischen Sozialversicherungssystem wichtig ist, betrifft die Tatsache, dass sich soziale Sicherungssysteme nicht nur in Bezug auf strukturelle, organisatorische und finanzielle Aspekte, sondern auch in ihrer gesellschaftlichen Verankerung sowie in den Zielen und Ansprüchen sozialer Sicherung unterscheiden.[297] Nach Gründung der türkischen Republik im Jahre 1923 wurden für die Gestaltung des sozialen Sicherungssystems westliche Vorbilder und Modelle herangezogen, die nicht aus den eigenen soziokulturellen Erfahrungshorizonten herrührten.[298] Für die Funktionsfähigkeit und letztlich den Erfolg derartiger Systeme ist die Akzeptanz innerhalb der Bevölkerung jedoch ein ausschlaggebender Faktor. Dies insofern, als ein Vertrauensvorschuss in die Fähigkeit sozialer Sicherungssysteme nicht als selbstverständliches Handlungsmotiv in der Gesellschaft vorausgesetzt werden kann. „Es kommt nicht nur darauf an, dass das System im Ernstfall objektiv Sicherheit bietet, es kommt auch darauf an, dass die Menschen darauf vertrauen, dass es dies tun wird.“[299] Da eine ausreichende und flächendeckende soziale Absicherung der türkischen Bevölkerung, wie bereits dargestellt, nicht gewährleistet ist, bilden traditionelle familiäre und religiöse Strukturen nach wie vor eine wichtige ergänzende Stütze im türkischen Sozialversicherungssystem. Der spezifische Mix von moderner Sozialversicherung kombiniert mit traditionellen Formen der sozialen Sicherung bildet daher, m.E., den originären Kern des türkischen Sozialversicherungssystems. Insgesamt betrachtet, kann das türkische Sozialversicherungssystem als ein Nebeneinander dreier unterschiedlicher, historisch gewachsener staatlicher Versicherungssysteme mit nur mäßiger Effizienz und unzureichender gesellschaftlicher Verankerung, bei gleichzeitiger Offenheit für politische Eingriffe, charakterisiert werden.

---

[293] Vgl. Kapitel 2.1.

[294] Vgl. Demirbilek / Sözer (1996), S. 172.

[295] Vgl. Kienholz (2003), S. 5.

[296] Vgl. Demirbilek / Sözer (1996), S. 172, vgl. Schirrmacher (1983), S. 169.

[297] Vgl. Kraus / Geißen (2001), S. 19.

[298] Vgl. auch Schirrmacher (1987), S. 235.

[299] Krupp (1986), S. 46.

4 Zusammenfassung und Ausblick

Die Zielsetzung der vorliegenden Arbeit bestand darin, dem Leser einen Einblick in den gegenwärtigen Zustand des türkischen Sozialversicherungssystems zu ermöglichen und dabei vereinzelt die wesentlichen Unterschiede zum deutschen Sozialversicherungssystem aufzuzeigen. Hierzu wurden im **zweiten Kapitel** zunächst die drei staatlichen Sozialversicherungsträger des Landes für die Berufsgruppen der Arbeitnehmer, Selbständigen und Beamten vorgestellt. Dabei zeigte sich, dass Beitragszahlungen aus Erwerbseinkommen, die Versicherten und ihre Angehörigen dazu berechtigen, die entsprechenden Leistungen, z.B. im Falle von Krankheit, Unfall, Invalidität und Alter, von den jeweiligen Sozialversicherungsträgern in Anspruch zu nehmen.[300] Der soziale Schutz gegen die genannten Risiken ist dabei nicht etwa – wie in der Bundesrepublik Deutschland – einer Vielzahl unterschiedlicher Träger anvertraut, sondern wird für die überwiegende Bevölkerungsmehrheit im wesentlichen durch die drei staatlichen Sozialversicherungsträger (SSK, Bağ-Kur, Emekli Sandığı) wahrgenommen. Als ein weiterer wesentlicher Unterschied zwischen den Sozialversicherungssystemen beider Länder wurde die Anwartschaftszeitregelung im Bereich der gesetzlichen Krankenversicherung der Türkei herausgearbeitet. Das heißt, dass der Krankenversicherungsschutz für Arbeitnehmer in der Türkei nicht gleichsam mit Beginn einer versicherungspflichtigen Beschäftigung entsteht, sondern erst nach Erfüllung einer bestimmten Wartezeit einsetzt. Ebenso kennt das türkische Sozialrecht keine Versicherungspflichtgrenze für Arbeitnehmer. Im Rahmen der sog. Schuldengestützten Mitgliedschaft (borçlanma uygulaması) besteht für die Versicherten in der Türkei zudem die Möglichkeit der nachträglichen Entrichtung von Beiträgen an die Sozialversicherungsträger ohne dass der Versicherungsschutz dadurch beinträchtigt würde. Neben dieser, eher punktuellen, Vergleichsbetrachtung des Sozialversicherungssystems beider Länder wurde auch auf eine vergleichende Darstellung innerhalb der drei Sozialversicherungsträger des Landes hinsichtlich der Leistungs- und Anspruchsvoraussetzungen Wert gelegt. Somit wurde beispielsweise die unterschiedliche Absicherung der Versicherten gegen soziale Risiken nach Art und Umfang der gewährten Leistungen hervorgehoben. Mit der Einführung der Arbeitslosenversicherung, als jüngstem Zweig der sozialen Sicherung, wurde im weiteren die türkische Arbeitsanstalt (İşkur) als neuer Akteur im Bereich der Arbeits- und Sozialpolitik vorgestellt.[301] Nach einer kurzen Darstellung des Aufgaben- und Leistungsspektrums dieser Anstalt, wurden schließlich einige kritische Einwände gegen die Einführung der Arbeitslosenversicherung illustriert.

---

[300] Vgl. auch Demirbilek / Sözer (1996), S. 165.

[301] Vgl. Hohnerlein (2000), S. 394.

Im Rahmen des **dritten Kapitel** richtete sich der Blick schließlich auf die Defizite im türkischen Sozialversicherungssystem. Die Darstellungen betrafen u.a. die Diskussion um die mangelnde Autonomie der Sozialversicherungsträger, die Schattenwirtschaft sowie die fehlende Beteiligung des Staates an den Kosten der Sozialversicherung mit dem Ergebnis, dass die Defizite im türkischen Sozialversicherungssystem im wesentlichen hausgemachter Natur sind.[302] Als Reaktion auf diesen Status quo wurden über die Änderungen des Reformgesetzes Nr. 4447 (z.B. Erhöhung des Rentenalters, Einführung der Arbeitslosenversicherung) hinaus, weitere Reformziele der türkischen Sozialpolitik vorgestellt. Diese betraf die Integration der verschiedenen Träger unter dem Dach des Ministeriums für Arbeit und Soziale Sicherheit, die Einführung der allgemeinen Krankenversicherung sowie die Möglichkeit zur zusätzlichen privaten Altersversorgung. Dabei wurde deutlich, dass die Ablösung der traditionalen, gemeinschaftsbezogenen Formen von sozialer Sicherheit durch die Einführung eines modernen sozialen Sicherungssystems keineswegs abgeschlossen ist.

Insgesamt zeigen die Ausführungen, dass sich das türkische Sozialversicherungssystem noch in der Aufbauphase befindet und im laufenden Reformprozess noch erhebliche Anstrengungen unternommen werden müssen.[303] Deutlich erkennbar ist dabei der Trend hin zu mehr Wettbewerbsorientierung und Eigenverantwortung, wie am Beispiel des Renten- und Krankenversicherungssystems aufgezeigt wurde. Der Aussage von Dilik kann, m.E., zugestimmt werden, wenn er schreibt, dass „die türkische Organisation der sozialen Sicherung auch unter heutigen Umständen kein wesensfremdes Element zu den Organisationsformen innerhalb der EG [EU] sei."[304] Die Türkei hat für ihre Verhältnisse – trotz aller Kritik am gegenwärtigen Zustand des Sozialversicherungssystems – mit zahlreichen Reformen, etwa im Bereich der Arbeitssicherheit, des Gesundheits- und Rentensystems, ihre Bemühungen um eine Angleichung an den „europäischen Standard" intensiviert. Aus langfristiger Perspektive jedoch wird entscheidend sein, ob es in Zukunft gelingen wird, die vorhandenen Defizite und die damit verbundene Notwendigkeit zur nachhaltigen Reform des sozialen Sicherungssystems aus eigener Kraft weiter voranzutreiben.

---

[302] Vgl. Danışoğlu (2002), S. 221.
[303] Vgl. KOM (2003), S. 98f., vgl. auch Steinbach (2002), S. 33.
[304] Vgl. Dilik (1979), S. 109.

Literaturverzeichnis

Acker, Sabine (1996): Renten in Europa: Koordinierung der sozialen Sicherungssysteme in der Europäischen Union am Beispiel der gesetzlichen Rentenversicherung, Marburg 1996.

AEP (2003): T.C. 58. Hükümet Acil Eylem Planı, http://ekutup.dpt.gov.tr/plan/aep.pdf.

Ahi, Yasemin (2001): Zwischen Anspruch und Wirklichkeit: Sozialstaat und Sozialpolitik in der Türkei, in: Kraus, Katrin / Geisen, Thomas (Hrsg.): Sozialstaat in Europa, Wiesbaden 2001, Seite 225-248.

Bakan, Yaşar (1996). Sosyal Güvenlik ve kriz, in: Ekonom, 1996, Nr.1, Seite 2-11, http://www.emd.org.tr/ekonom/eko_dos.htm.

Baltes, Joachim / Rogowski, Alfons (1986): Sozialrecht. Ein Gesamtbild sozialer Sicherung in der Bundesrepublik, Köln 1986.

Baur, Rita / Heimer, Andreas / Wieseler, Silvia (2000): Gesundheitssysteme und Reformansätze im internationalen Vergleich – Ländersynopse: Deutschland, in: Böcken, Jan / Butzlaff, Martin / Esche, Andreas (Hrsg.): Reformen im Gesundheitswesen, Gütersloh 2000, Seite 35-50.

Böcken, Jan / Butzlaff, Martin / Esche, Andreas (2000): Einleitung: Problembefund, in: Böcken, Jan / Butzlaff, Martin / Esche, Andreas (Hrsg.): Reformen im Gesundheitswesen, Gütersloh 2000, Seite 11-22.

Danışoğlu, Emel (2002): Sosyal Güvenlik Sisteminde yenilenme ihtiyacı, http://ekutup.dpt.gov.tr/planlama/42inciyil/danisoge.pdf.

Demirbilek, Sevda / Sözer, Ali Nazim (1996): Aktuelle Probleme der Sozialversicherung in der Türkei und Vorschläge zu ihrer Bewältigung, in: Zentrum für Türkeistudien (Hrsg.): Zeitschrift für Türkeistudien (ZfTS), 9. Jg., 1996, Nr. 2, Seite 165-179.

Dilik, Sait (1979): Probleme bei der Angleichung der sozialen Sicherung der Türkei an die soziale Sicherung der EG, in: Gumpel, Werner (Hrsg.): Türkei auf dem Weg in die EG, Oldenburg 1979, Seite 105-117.

DPT (Devlet Planlama Teşkilati) (2003): Sekizinci Beş Yıllık Kalkınma Planı. 2004 Yili Programi, http://ekutup.dpt.gov.tr/program/2004.pdf.

Ebers, Mark / Gotsch, Wilfried (1999): Institutionenökonomische Theorien der Organisation, in: Kieser, Alfred (Hrsg.): Organisationstheorien, Stuttgart 1999, Seite 199-251.

Gelbhaar, Siegfried (1998): Ökonomik der Parafiski – Stand und Perspektiven, in: Wirtschaftswissenschaftliches Studium, 27. Jg., 1998, Nr. 11, Seite 573-579.

Gohr, Antonia (2001): Der italienische Wohlfahrtsstaat: Entwicklungen, Probleme und die europäische Herausforderung, in: Kraus, Katrin / Geisen, Thomas (Hrsg.): Sozialstaat in Europa, Wiesbaden 2001, Seite 143-169.

HazM (Hazine Müsteşarlığı) (2003): 21 Kasım 2003 tarihli Basın duyurusu, http://www.treasury.gov.tr/duyuru/basin/bireysel%20emeklilik_211103.pdf.

Hänlein, Andreas (1996): Sozialpolitik der Türkei im Jahr 1996, in: Zentrum für Türkeistudien (Hrsg.): Zeitschrift für Türkeistudien (ZfTS), 9. Jg., 1996, Nr. 2, Seite 180-193.

Hänlein, Andreas (1998): Die soziale Sicherung für den Fall der Invalidität in der Türkei, in: Deutsche Rentenversicherung (DRV), 1998, Nr. 6-7-8, Seite 556-572.

Hänlein, Andreas (2001): Neue Arbeitslosenversicherung in der Türkei – oder: Experimentelle Gesetzgebung als Aufgabe für die Praxis, in: Recht der internationalen Wirtschaft (RIW), 2001, Nr. 4, Seite 284-287.

Hekimler, Alpay (2003): Das türkische Rentenversicherungssystem im Wandel – Die Einführung der privaten Altersversorgung, in: Die Angestelltenversicherung (DAngVers), 2003, Nr. 11, Seite 532-537.

Hohnerlein, Eva Maria (2000): Deutsch-türkisches Seminar über aktuelle Probleme des Arbeits- und Sozialrechts – ein Tagungsbericht, in: Zeitschrift für ausländisches und internationales Arbeits- und Sozialrecht (ZIAS), 2000, Nr. 4, Seite 387-396.

Höhfeld, Volker (1995): Türkei. Schwellenland der Gegensätze, Gotha 1995.

Hütteroth, Wolf-Dieter / Höhfeld, Volker (2002): Türkei: Geographie, Geschichte, Wirtschaft und Politik, Darmstadt 2002.

Kienholz, Regula (2003): Die medizinische Versorgungslage in der Türkei, Schweizerische Flüchtlingshilfe, Bern 2003, http://www.proasyl.de/texte/mappe/2003/82/3.pdf.

KOM (2001): Regelmässiger Bericht 2001 über die Fortschritte der Türkei auf dem Weg zum Beitritt, Kommission der Europäischen Gemeinschaften, Brüssel 2001, http://europa.eu.int/comm/enlargement/report2001/tu_de.pdf.

KOM (2002): Regelmässiger Bericht 2002 über die Fortschritte der Türkei auf dem Weg zum Beitritt, Kommission der Europäischen Gemeinschaften, Brüssel 2002, http://europa.eu.int/comm/enlargement/report2002/tu_de.pdf.

KOM (2003): Regelmässiger Bericht 2003 über die Fortschritte der Türkei auf dem Weg zum Beitritt, Kommission der Europäischen Gemeinschaften, Brüssel 2003, http://europa.eu.int/comm/enlargement/report_2003/pdf/rr_tk_final_de.pdf.

Kraus, Katrin / Geisen, Thomas (2001): Sozialstaat in Europa: Geschichte, Entwicklung, Perspektiven, Wiesbaden 2001.

Krupp, Hans-Jürgen (1986): Bestandsaufnahme und Perspektiven der Finanzierung des Sozialversicherungssystems, in: Bieback, Karl-Jürgen (Hrsg.): Die Sozialversicherung und ihre Finanzierung. Bestandsaufnahme und Perspektiven, Frankfurt am Main 1986, Seite 46-61.

Lautenschlager, Robert (1996): Der Modernisierungsprozeß in der Türkei und seine strukturellen und räumlichen Widersprüche, Regensburg 1996.

Molitor, Bruno (1987): Soziale Sicherung, München 1987.

Özer, Ahmet (1998): Modernleşme ve Güneydoğu, Ankara 1998.

Rumpf, Christian (1992): Das Rechtsstaatsprinzip in der türkischen Rechtsordnung: Ein Beitrag zum türkischen Verfassungsrecht und zur europäischen Rezeptionsgeschichte, Berlin 1992, zugl.: Heidelberg, Univ., Diss., 1990.

Rolfs, Christian (1998): Europarechtliche Grenzen für die Monopole der Sozialversicherungsträger?, in: Die Sozialgerichtsbarkeit, 45. Jg., 1998, Nr. 5, Seite 202-205.

Saraç, Coşkun (2001): Sosyal sigortalarda risklerin birleşmesi: Birden fazla gelir ve aylık bağlanması, http://www.cmis.org.tr/dergi/112001/makale-1.pdf.

Schäfers, Bernhard (1995): Gesellschaftlicher Wandel in Deutschland: Ein Studienbuch zur Sozialstruktur und Sozialgeschichte der Bundesrepublik, 6., überarbeitete Auflage, Stuttgart 1995.

Seyyar, Ali (2000): Soziale Grundprobleme in der Türkei, http://www.sosyalsiyaset.com/ger/index.htm.

Schirrmacher, Gerd (1983): Sozialwesen und Sozialarbeit in der Türkei: Bedingungen, Konzepte, Organisationsformen und Praxis in ausgewählten Praxisfeldern, Köln 1983.

Schirrmacher, Gerd (1987): „Sosyal Yardım Kurumları" in der Türkei, in: Bauer, Rudolph / Thränhardt, Anna-Maria (Hrsg.): Verbandliche Wohlfahrtspflege im internationalen Vergleich, Opladen 1987, Seite 229-254.

Simon, Silvia (2001): Umverteilung in der Sozialversicherung, Frankfurt am Main 2001, zugl.: Erlangen/Nürnberg, Univ., Diss., 2000.

Schmähl, Winfried (1985): Versicherungsgedanke und Sozialversicherung – Konzept und politische Bedeutung, in: Schmähl, Winfried (Hrsg.): Versicherungsprinzip und soziale Sicherung, Tübingen 1985, Seite 1-12.

Schneider, Friedrich / Enste, Dominik (2000): Schattenwirtschaft und Schwarzarbeit: Umfang, Ursachen, Wirkungen und wirtschaftspolitische Empfehlungen, München 2000.

Sözer, Ali Nazim (2000): Bağımsız çalışanların sosyal güvenlik açısından yeniden yapılanmalarına ilişkin bir model, in: Kamu-İş Dergisi, Band 5, Nr. 3, 2000.

Steinbach, Udo (2002): Gesellschaft zwischen Tradition und Moderne, in: Bundeszentrale für politische Bildung (Hrsg.): Informationen zur politischen Bildung, Heft 277, Bonn 2002, Seite 28-37.

SVR (Sachverständigenrat zur Begutachtung der Gesamtwirtschaftlichen Entwicklung) (1980): Unter Anpassungszwang. Jahresgutachten 1980/81, Stuttgart 1980.

Tanilli, Server (1993): Devlet ve Demokrasi. Anayasa Hukukuna Giriş, 7., überarbeitet Auflage, Istanbul 1993.

Tanili, Server (1994): Nasıl bir demokrasi istiyoruz ?, 6., Auflage, Istanbul 1994.

Tomanbay, Ilhan (1990): Wie sozial ist die Türkei ? – Die Stellung der Sozialarbeit in der Sozialpolitik der Türkei, Berlin 1990, zugl.: Berlin, Univ., Diss., 1989.

Weber, Axel / Leienbach, Volker / Dohle, Anne (1991): Soziale Sicherung in Europa: Die Sozialversicherung in den Mitgliedstaaten der Europäischen Gemeinschaft, 2., aktualisierte und erweiterte Auflage, Baden Baden 1991.

Anhang

Gesetzesliste (Mevzuat-Listesi)

Sozialversicherungsgesetz Nr. 506 für Arbeitnehmer des privaten und öffentlichen Sektors *[Sosyal Sigortalar Kanunu]* vom 17.07.1964, RG v. 29./30./31.07.1964 – 01.08.1964, Nr. 11766 – 11779.

Gesetz betreffend die Sozialversicherung der in der Landwirtschaft abhängig Erwerbstätigen *[Tarım İşçileri Sosyal Sigortalar Kanunu]* mit der Nummer 2925 vom 17.10.1983, RG v. 20.10.1983, Nr. 18197.

Sozialversicherungsgesetz Nr. 1479 für die in der gewerblichen Wirtschaft selbständig Erwerbstätigen *[Esnaf ve Sanatkarlar ve Diğer Bağımsız Çalışanlar Sosyal Sigortalar Kurumu Kanunu]* vom 02.09.1971, RG v. 14.09.1971, Nr. 13956.

Gesetz betreffend die Sozialversicherung der in der Landwirtschaft selbständig Erwerbstätigen *[Tarımda kendi adına ve hasabına çalışanlar Sosyal Sigortalar Kanunu]* mit der Nummer 2926 vom 17.10.1983, RG v. 20.10.1983, Nr. 18197.

Pensionsversicherungsgesetz Nr. 5434 für Beamte und Angestellte des öffentlichen Dienstes *[Türkiye Cumhuriyeti Emekli Sandığı Kanunu]* vom 08.06.1949, RG v. 17.06.1949, Nr. 7235.

Arbeitslosenversicherungsgesetz Nr. 4447 *[İşsizlik Sigortası Kanunu]* vom 25.08.1999, RG v. 08.09.1999, Nr. 23810.

Arbeitsgesetz Nr. 4857 *[İş Kanunu (»neu«)]* vom 22.05.2003, RG v. 10.06.2003, Nr. 25134.

Arbeitsgesetz Nr. 1475 *[İş Kanunu (»aufgehoben«)]* vom 25.08.1971, RG v. 01.09.1971, Nr. 13943.

Arbeitsgesetz Nr. 3008 *[İş Kanunu (»aufgehoben«)]* vom 08.06.1936, RG v. 15.06.1937, Nr. 3330.

Gesetz Nr. 4904 zur Errichtung der türkischen Arbeitsanstalt *[Türkiye İş Kurumu Kanunu]* vom 25.06.2003, RG v. 05.07.2003, Nr. 25159.

Gesetz Nr. 4947 zur Gründung der Anstalt für soziale Sicherheit *[Sosyal Güvenlik Kurumu Teşkilatı Kanunu]* vom 16.07.2003, RG v. 24.07.2003, Nr. 25178.

Beamtengesetz Nr. 657 der Republik Türkei *[Devlet Memurları Kanunu]* vom 14.07.1965, RG v. 23.07.1965, Nr. 12056.

Privates Altersversorgungsgesetz Nr. 4632 *[Bireysel Emeklilik Tasarruf ve Yatırım Sistemi Kanunu]* vom 28.03.2001, RG v. 07.04.2001, Nr. 24366.

Gesetz Nr. 4837 über die Errichtung und Aufgabenbestimmung der Anstalt für Arbeit und Arbeitervermittlung *[İş ve İşçi bulma Kurumu Kuruluş ve Görevleri Hakkında Kanun]* vom 21.01.1946, RG v. 25.01.1946, Nr. 4215.

Gesetz Nr. 3201 über die Anerkennung von im Ausland erbrachten Zeiten in der Sozialversicherung durch die, im Ausland lebenden, türkischen Staatsbürger *[Yurt dışında bulunan Türk Vatandaşlarının Yurt dışında geçen sürelerinin Sosyal Güvenlik bakımından değerlendirilmesi hakkında Kanun]* vom 08.05.1985, RG v. 22.05.1985, Nr. 24569.

Gesetz Nr. 4772 betreffend die Versicherung bei Arbeitsunfällen, Berufskrankheiten und Mutterschaft *[İş kazalarıyla Meslek Hastalıkları ve Analık Sigortaları Kanunu]* vom 07.07.1945, RG v. 01.07.1946, Nr. 6051.

Gesetz Nr. 4792 zur Gründung der Arbeiterversicherungsanstalt *[İşçi Sigortaları Kurumu Kanunu]* vom 09.07.1945, RG v. 16.07.1945, Nr. 6058.

Zum Autor

Basri Aşkın, geboren am 12. April 1974 in Schorndorf/Rems, studierte nach einer abgeschlossenen Ausbildung zum Industriemechaniker von 1996 bis 2002 Sozialwissenschaften an der Bergischen Universität Wuppertal. Vom Autor liegt die Folgende Veröffentlichung als CD-ROM vor:

„Von der Selbstkostendeckung zu den Diagnosis Related Groups (DRG's).
Hintergründe, Grundlagen und Auswirkungen der DRG-Einführung in Deutschland ab 2003."

Kontakt:

Basri Aşkın
Email: basri-askin@web.de

www.ingramcontent.com/pod-product-compliance
Lightning Source LLC
Chambersburg PA
CBHW030735280326
41926CB00086B/1653